激发潜能

平台型组织的人力资源顶层设计

穆胜 ◎ 著

INSPIRE POTENTIAL

Top-level Design of the Human Resource in
Platform-based Organization

机械工业出版社
China Machine Press

图书在版编目（CIP）数据

激发潜能：平台型组织的人力资源顶层设计 / 穆胜著．—北京：机械工业出版社，2019.6（2023.6重印）

ISBN 978-7-111-62864-4

I. 激… II. 穆… III. 人力资源管理 – 研究 IV. F243

中国版本图书馆 CIP 数据核字（2019）第 099451 号

激发潜能：平台型组织的人力资源顶层设计

出版发行：机械工业出版社（北京市西城区百万庄大街 22 号　邮政编码：100037）	
责任编辑：宋　燕	责任校对：李秋荣
印　　刷：北京文昌阁彩色印刷有限责任公司	版　　次：2023 年 6 月第 1 版第 3 次印刷
开　　本：170mm×230mm　1/16	印　　张：14
书　　号：ISBN 978-7-111-62864-4	定　　价：69.00 元

凡购本书，如有缺页、倒页、脱页，由本社发行部调换
客服热线：（010）68995261　88361066　　　　投稿热线：（010）88379007
购书热线：（010）68326294　　　　　　　　　　读者信箱：hzjg@hzbook.com

版权所有・侵权必究
封底无防伪标均为盗版
本书法律顾问：北京大成律师事务所　韩光 / 邹晓东

FOREWORD
推荐序一

管理应该激发人性的善意

随着互联网技术的快速发展，市场环境的不确定性、复杂性日益增多，企业的健康发展越来越需要更加灵活的运作与管理方式，这是一种必然趋势。

在新一轮的互联网经济兴起之初，众多的互联网企业号称利用互联网思维颠覆了企业的管理模式，一些传统的企业意识到管理潮流可能的变化，也开始寻找新模式来应对挑战。但诸多的尝试并没有让"新管理模式"的方法论变得更加清晰，反而是有若干的创新者在尝鲜中退回了原处，BAT⊖依然重视KPI⊜，小米选择重回科层制。事实证明，即使是新兴的互联网企业，依然需要一定的组织结构与层级进行管理。

⊖ 百度公司、阿里巴巴集团、腾讯公司的首字母缩写。
⊜ Key Performance Indicator，关键绩效指标。

当然，互联网巨头们的选择并不能说明"新管理模式"就不存在，海尔、华为等传统巨头大胆打破科层制，走向了"大平台支持+小团队作战"的平台型组织，无疑也为新趋势做出了精彩的诠释。

平台型组织的创新在于，其竭力突破科层制形成的内外部组织边界，防止边界阻碍组织信息的传播以及命令的执行，其目的是让企业能够像"有机体"一样灵活地运作。但这并不意味着所有企业都适合走向平台型组织，只是意味着，随着互联网对于经济的全面渗透，应该会有越来越多的企业适合走向平台型组织。在这样的趋势下，我们可能更需要一套打造平台型组织的方法论，而不仅仅是一些近年来已经耳熟能详的新理念。

穆胜博士的这本著作《激发潜能：平台型组织的人力资源顶层设计》，正是基于上述背景在这个方面进行的一种有益尝试。该著作在人力资源管理的各个模块内都提出了颇具时代感的创新思想和方法，并能自然地形成一个有机系统，以更好地服务于平台型组织建设，可以说是一本极具阅读价值的著作。

时代在进步，人力资源管理的理论和实践也在不断发展。在人力资源管理领域数十年的研究与实践使我认识到：一方面，我们要坚持传统的、经典的人力资源管理思想；另一方面，我们也要与时俱进，把握好时代发展的脉搏。穆胜博士的这本著作，很好地处理了这两个方面的关系。

第一，在激励上，我们从这本书中已经看到了"企业内部化市场"的趋势。"企业内部化市场"旨在将企业内部各个单元的合作关系用价格结算机制连接起来，这让各个单元在生产经营过程中产生的费用变成自己的费用，收益变成了自己的收益。通过这一过程，员工的主人翁意识会得到增强，个体的积极性会在极大程度上被激发起来。本书基于这种结算理念，提出用类金融操作将人力资源转化成具有确定性回报的人力资本，从而进一步强化员工个体的激励性。

第二，在培训上，本书为企业提供了解决培训有效性的方案。企业对传统培训工作的抱怨普遍存在，这可能有两个比较重要的原因：一是企业能够直观地看到培训的成本，而短期内无法直观地看到培训所产生的效益；二是企业提供的培训并不是员工所期望的。本书中提到的打造人才供应链、打造人才生态、深耕知识管理等方法，正是要让培训更加有的放矢，快速、持续地产生效益，从而更好地解决上述问题。

第三，如何激发人性善意，该书也提出了一些可供参考的意见。在人力资源管理的实践中，技术层面的合理设计仅仅是一个方面，我们更加看重的是管理上的"正念"。德鲁克始终认为，管理应该激发人性的善意，这也正是本书的立意所在。的确，个人和组织的"潜能"，都需要一种合理的管理模式来"激发"。本书所提到的平台型组织里的人力资源设计，通过强有力的激励来追求高人力资源效能，看似功利，实则是一种"正念"。应该清楚的是，人力资源效能与员工幸福感是相辅相成的。人力资源效能的提高，意味着员工能够最大限度地发挥自己的潜能，这不仅实现了员工的自身价值，获得了更多的回报，也使员工获得了幸福感，而高幸福感的员工，自然拥有更高的工作效率、更多的工作创新热情和更高的忠诚度，这些均有利于促进企业人力资源效能的提高。

总之，当下复杂多变的环境对人力资源管理部门提出了新的更高的要求。从企业现实来看，大多数企业的人力资源管理部门的职业化、专业化水平仍然不足。在新形势下，它们更需要系统分析企业发展环境的变化，超前制定人力资源管理战略，适时整合已有人力资源存量，不断引进新的人力资源增量，这些都必然会挑战人力资源管理者的"舒适区"，需要他们重新定位目标，提升自我。我相信，如果企业人力资源管理部门能够按照本书中提到的方向去努力实践，人力资源管理工作终会迎来更加美好的时代。

无论时代如何变迁，不变的法则都是人性。我相信，管理的趋势一定是激发人性的善意，而人性的善意就是最大"潜能"的发挥。

受作者之邀，特作此序。

南京大学人文社会科学资深教授、商学院名誉院长、博士生导师

2019 年 3 月 30 日于南京大学商学院

FOREWORD
推荐序二

企业家更要"练内功"

马云曾说"阿里巴巴最重要的产品是'人',最大的竞争优势是'出干部'。"曾几何时,BAT中阿里巴巴的技术不如百度,产品不如腾讯,但论人才辈出,其组织能力之强大无人能出其右。最终它的技术和产品都跟上,并胜出了。

读了穆胜博士的新作《激发潜能:平台型组织的人力资源顶层设计》一书,我非常认可平台型组织的提法,也非常认可人力资源需要顶层设计。组织建设和人力资源不是人力资源经理或总监的事,必须是创始人、CEO的头号工程。

为什么要重提组织变革、组织创新?如今技术变了,如同战场上的武器变了,军队组织形式必须变。如今人群变了,无论是用户还是员工,独生子女2.0、95后来了,组织也必须变。

顶层设计要变,但组织底层基础建设不能变。招聘、培训、考核这些"扎马步"的基本功必须先练好。市场上讲战略变革，谈业务模式创新的书太多了，中国企业家也太热衷于这些所谓见效快的"外功"。经济寒冬来了，企业家更要"练内功"，向内看，关注内部组织建设。我创建嘉御基金七年了，七年前首创了"贝恩咨询"+"贝恩资本"的模式，七年来，前三年找我们咨询的企业家多数问道业务模式、经营战略和销售营销。近三年，我们欣喜地看到向我们寻求组织建设和人力资源的企业家越来越多了。

不同行业、不同企业的战略或模式问题很难靠读几本相关的书、上几堂培训课解决。但企业在拥有几十、几百、几千名员工的不同阶段所面临的组织挑战倒是基本相通的。

希望本书至少能激发创始人、CEO 们对组织建设的重视。书中提出强化中台、赋能员工的做法，能给很多企业提供借鉴的思路。

卫哲

嘉御基金创始合伙人、阿里巴巴集团前执行副总裁

FOREWORD

推荐序三

作为生命体的企业应该如何进化

几千年前,孟子曾感叹道:"人之所以异于禽兽者几希"。到了今天,随着科技和人文主义的进步,我们可以说:"人与动物的区别在于,人类具备创造力,是创造力让人类成为地球的王者"。

从第一次学会钻木取火,到尝试着削木为矛对抗山林猛兽,远古时代的人类先祖们,一步步踏上了征服自然的生存之旅。感谢创造力,让我们在这颗星球上生存了下来,超越了所有动物,成为独一无二的存在。人类所具备的创造力,让一切都拥有无限的可能性。在远古时代、机器时代,人类的创造力让我们始终拥有自己的位置,而到了人工智能时代,人类的创造力是否还能继续保持,如何才能持续激发每个人所该呈现出的创造力?让生命重新保持活力?作为整个社会进步的核心组织之一,企业的管理方式和思维都面临着新的挑战。

　　作为一名计算机专业出身的互联网人，我可以算是计算机世界里的原住民。过去，我也一直习惯用物理的逻辑来思考世界，并对于非线性的复杂科学充满兴趣。但是，当我从"专业"走向"管理"，并尝试用更加开放的视角来审视世界时，我开始意识到，物理似乎并不能预测未来，生物的规律更匹配充当现实世界的进化隐喻。在物理的世界里，有序走向无序的"熵增"是必然规律，而在生物的世界里，无序走向有序的"熵减"才是生存之道。

　　这几乎重塑了我的世界观，也让我对管理产生了新的认知。

　　企业和生命一样，都有求生欲，有新陈代谢和有复制的动力。相比经历过几十亿年迭代的生命体，仅有几十年历史的企业就像一个婴儿，这也揭示了企业并非一出生就携带生存本能和有效的免疫机制的本质。

　　有什么办法能让企业始终保持活力呢？如果说生命的存续和发展必须遵循"熵减"的规律，那么，我们应该为企业注入负熵（通俗地讲，可以看作"活力因子"），对抗大企业病。但是，只要采用金字塔式的组织模式，必然会出现本书中提到的部门墙、隔热层、流程桶等问题。大企业病是传统金字塔组织的天然基因，正因如此，这类企业必然走向"熵增"，最终死亡。如果不改变企业的底层组织设计，任何手段都是短期的，不可持续的。现实是，为了让企业更有活力，我们需要将企业这个生命体继续改造。

　　凯文·凯利说："所有企业注定都难逃一死，城市却近乎不朽。"企业大多采用金字塔式结构，是单中心的、自上而下的、威权驱动的；

城市则是一种穆胜博士所谓的"平台型组织",是分布式的、自下而上的、创新驱动的。金字塔组织的活力源泉来自于领导,当领导的威权边界不能覆盖或过度覆盖导致僵化时,企业就出现了低效;而平台型组织的活力来自于每位员工,当每位员工都能被企业搭建的平台激励(有意愿)和赋能(有能力),企业就形成了一个多中心的生态,相互滋养,万世不竭。

我的职业生涯是从职业经理人开始的,然后切换为创业者,这个职业经历让我拥有一个更加理性的视角,既懂老板,又懂员工。从经验来看,我更倾向于依靠发动员工,而不是依靠威权或流程来解决问题。威权是"一个人"的理性;流程界定了颗粒度极细的规则。但面对时刻变化的环境,无论是一个人的理性还是事无巨细的规则,其应变能力都不会太强。随着企业规模变大,企业管理思维必然会僵化。在这个快节奏的互联网时代里,企业的应变能力决定了生死。所以,企业能否将自己打造为平台型组织,激发每位员工的潜能,让人人成为自己的CEO,也许就是未来商业竞争的"决战之地"。

我同意穆胜博士的一个观点:相对于一些传统企业,互联网企业并非找到了突围而出的组织模式,只不过是因为高速增长的业绩带来了更大的容错性而已。作为互联网企业,我们当然具有先天的活力,但如果将这种活力看作免疫机制或长寿的基因,那就大错特错了。现实是,随着组织规模的增长,大企业病必然如约而至。近年来,越来越多的互联网企业开始改造组织,正是因为它们深受此类困扰。所以,我们依然需要谦卑地寻找在组织层面的解决之道。

在与穆胜博士交流时,他谈到大量的企业在走向平台型组织时不够坚定，它们在受困于大企业病的同时，依然希望通过小修小补来维持。于是，平台型组织成为它们的一种华而不实的愿景（vision），而非决心（determination）。我的判断是，这些企业并不是将平台型组织视为一种愿景。所谓愿景，一定是相信并愿意坚持的，而这些企业对于未来可能根本就缺乏相信。也许，它们提到平台型组织只是为了缓解心中的焦虑。金字塔组织和平台型组织是两种世界观的问题，本身就无法兼容。

搜狗是一家于2017年11月上市的年轻互联网企业，并且是一家坚守长期价值的企业。正因为如此，我们才会如此关注组织模式的进化趋势，并将类似平台型组织的转型视为生命突破的方向。当前，尽管我们依然"在路上"，但也已经有了若干的尝试。比如：搜狗从2015年开始，每年都会有黑客马拉松大赛，让员工重新去想项目、组团队——打破固有组织链条和业务线的刚性，在内部形成自由市场，让新想法和活力像生命体内的血液一样四处流动。

坦白来讲，我们的尝试更多是在做预热、带节奏，尚未进入打造平台型组织的深水区。我相信，还有若干的企业也处于这个阶段，大家之所以没有大刀阔斧地进行变革，一是还在大企业病的综合征之下探究"病灶"；二是缺乏启动转型的系统方法论。落到组织和人力资源的层面，有太多的设计需要落实，丝毫不比技术创新简单，因为，这种设计面临的是一个最有变数的变量——人。

穆胜博士的这本《激发潜能：平台型组织的人力资源顶层设计》正是为了帮助企业回答这些问题，书中不仅对企业的生长规律进行了深入分析，更从组织与人力资源的角度，给出了在组织结构、激励、赋能等方面的新兴设计原理，还有若干可以即插即用的操作方法。这些内容来自他对这一领域的新鲜观察和深度剖析，不少案例让人身临其境，观点让人颇受启发。我相信，这些内容对于渴望组织转型的企业将具有重要意义，在此，向读者们郑重推荐。

王小川

搜狗公司首席执行官

PREFACE

序

互联网时代的人力资源管理新答案

在互联网时代，一度颇有优越感的人力资源管理者（以下简称"HR"[⊖]）的自信几乎被摧毁殆尽。过去信仰的那套方法论体系，好像越来越不适应企业的需求了。

从组织结构上，过去的金字塔组织已经成为企业生存的最大障碍。金字塔组织通过横向分工和纵向授权实现了各司其职的企业秩序，这成为工业经济时代追求规模经济的企业的优势来源。在互联网时代，太多的企业却因此到了"大企业病"晚期，变得尾大不掉，无法快速观察市场、组织资源、回应用户的诉求，被跨界者疯狂打击。HR 穷极所有专业能力提供的组织设计都不能跳出这个"深坑"，而基于金字塔组织结构设计出来的岗位系统和调配逻辑（招聘、淘汰、再配

[⊖] HR：人力资源（human resource）的简称。实务中，常用 HR 代指人力资源管理者。

置),更被认为是限制员工潜能释放的桎梏,让他们变成了"人肉零件"。

在激励机制上,过去"岗位工资+绩效工资+奖金+津贴福利"的薪酬结构完全无法激活个体。这种薪酬结构既让员工根本不承担任何风险,失去了前进的斗志,更完全不能覆盖优秀员工(一流创客)日益增长的欲望。HR 曾经反复提及的"全面薪酬管理"㊀,越来越被视为"算不清账"的一种华丽辞藻与完美托词。功利的 CEO 们拒绝接受在激励上的暧昧,并坚持通过划小经营单元等方式来实现激励。面对这类强烈的需求,HR 仅仅习惯于在传统薪酬结构里执着前行,用传统绩效管理的方法试图求解新问题,表现自然是乏善可陈。

在赋能(培养)机制上,传统的教学模式内容陈旧、过程没有参与感、输出缓慢,让急需"将军"的企业百般无奈。更严重的是,在复杂的商业环境中,企业很难定义自己需要什么样的人才,素质模型等工具失去用武之地。即使能解决上述问题,企业的纠结还在于,人才的培养需要投入大量的成本和时间,从投资的角度来看,更希望以小博大、立竿见影,但人才培养的体系本身就是一个固本强基的长线逻辑。在这种情况下,究竟是投入,还是不投入?更尴尬的是,即使通过海量投入吸引、打造了顶级人才队伍,他们却可以轻易离开,让企业元气大伤。如此看来,这项投资真是不划算。HR 听到了诸多抱怨,但又能做什么?

在 HR 的定位上,老派 HR 流连于事务性工作,主张用居委会大

㊀ 全面薪酬管理(total payment management)是时下比较流行的观点。这个观点认为,薪酬不仅包括企业向员工提供的货币性薪酬,还包括良好的工作环境及工作本身的特征等为员工带来的非货币性的心理效应。

妈一样的姿态与员工亲密接触，为组织做心灵按摩。但在互联网时代，一方面，大量的 IT 工具（如移动端的 App）可以接管事务性工作，薪酬计算、发放等工作甚至都可以完全外包给第三方机构；另一方面，员工千人千面的需求根本不是"居委会大妈们"能够满足的，甚至，这些与员工之间建立的私人关系还会阻碍人力资源管理工作。在戴维·尤里奇提出的 HR 四角色模型中，HR 需要重新定位自己，否则，他们的交付与老板的预期和企业的需求始终不在一个层面上。自然，这又会导致 HR 团队组织方式的变化，但经典的三支柱团队结构束缚了 HR 的想象力。

面对互联网时代带来的商业世界底层逻辑更迭，HR 即使口中高喊变革口号，但行动上仍然是故步自封。所以，用过去的冷兵器走上现代战争的战场，后果可想而知。

HR 需要的不是小修小补，而是人力资源管理体系的系统升级。过去成功的经验也许并不是今天成功的筹码，反而是思维的屏障。

本书试图打破这些屏障，从组织的角度去思考人力资源管理应该如何推动企业的进化。在互联网时代，金字塔组织带来的"大企业病"限制了企业的灵活性，已经威胁到企业在激烈竞争环境下的生存。在这样的形势下，转型平台型组织成为企业进化之路上的必然选择。HR 更应该思考的是如何推动这种组织变革，并在变革后的组织中发挥更大作用。我们需要抛弃人力资源管理只是固本强基的陈词滥调，需要更具生意思维，变得更加积极，而我们的工作方式应该能够提升人力资源效能（投入产出比），并最终推动经营。

毫不夸张地说，这种改变对于传统人力资源管理体系是"颠覆式"

的。因此，本书给出了在组织设计、激励机制、赋能（培养）机制等方面的升级理念与操作方法。事实上，互联网时代的环境倒逼企业改变，也倒逼HR改变。这种趋势显而易见，我们不难从老板们越来越多的不满中发现。可以肯定的是，如果HR还是仅仅基于岗位系统开展工作，力图维护秩序，将自己定位于后台职能，那么他们必然失去存在感。

本书是我在互联网时代组织转型领域的又一个系统研究成果，是上一本《释放潜能：平台型组织的进化路线图》在人力资源领域的延展。至今，我依然坚信每个企业都有难以估量的"潜能"。往小了说，这种潜能是员工被压抑的能力和意愿；往大了说，这种潜能是员工可以盘活的一切资源。我也依然坚信平台型组织才是解锁这种困局的"钥匙"。但我在上一本书里介绍的平台型组织模式更多的是修改了"范式"，本书里具体到人力资源领域的若干设计可能更接近"落地"。所以，本书的主题是"激发潜能"，"激发"与"释放"不同，后者是设计出范式后静待结果，而前者是更加主动的作为。

本书的读者应该包括两类人群。

一是HR。在若干次推动企业组织变革的过程中，我深感HR角色的重要性。借由本书，希望能通过推动HR的认知迭代，进而助力企业的转型征程。需要说明的是，本书主要采用了HR的视角，所以，书中出现的"我们"大都表示我和读者们共同代入HR的角色。

二是企业家和高管。尽管我多次言辞激烈地批评HR，但我依然认为，在组织转型不力的结果中，HR仅仅应该负50%的责任，大量企业家和高管不懂人力资源管理的逻辑和操作规则造成了那另外的

50%。我也希望本书能够成为老板和高管与 HR 沟通的桥梁，让双方统一语言体系，达成共识，携手前行。

全书共分为五章：

第一章讲述了互联网时代的企业必然走向平台型组织。 这部分分析了企业必然死亡的原因是"大企业病"，而金字塔组织必然形成部门墙、隔热层和流程桶㊀，这些都是"大企业病"的根源。为了跳出生命周期，追求基业长青，企业必须转型为平台型组织。这部分也对平台型组织的组织结构进行了详细阐述，而这是全书的底层逻辑。我们不仅提倡 HR 应该站在这种转型趋势上看问题，打开自己工作的视野，更提倡 HR 主动去推动这种转型，成为时代的主角。

第二章讲述了如何打造平台型组织里的激励机制。 传统人力资源管理主要是通过岗位工资、绩效工资、奖金、福利几个模块组成的固定结构发放薪酬，这显然无法激活员工。这部分提倡读者应该思考如何从"人力资源管理"走向"人力资源经营"，通过提升人力资源效能来驱动生意。转换到这个思路，我们应该通过一个从风险投资领域得到灵感的激励机制设计，让人力资源转化为有明确收益的人力资本。只有这样，才能解决企业在员工身上的投资不可控的问题，实现双赢。

第三章讲述了如何打造平台型组织里的赋能机制。 平台型组织对于人才提出了更高的要求，显然不是传统的人才培养方式可以支撑的，企业需要打造新的赋能机制。这部分给出了打造高效人才孵化器的方法，也进一步给出了打造人才自动涌现的人才生态的方法。本章最后也明确指出，无论是打造人才孵化器还是人才生态，都需要企业通过

㊀ 关于这三个概念，第一章将会进行详细描述。

高效的知识管理形成强大的组织知识，这才是将"员工"赋能为"超级创客"的根本。

第四章讲述了 HR 应该如何重新定位自我并涅槃重生。 HR 应该聚焦于推动战略和设计制度，放弃对于事务性工作的执着，放弃通过人际关系来影响员工。这部分提出了一个互联网时代的四角色模型，并提倡重构曾经被奉为经典的人力资源团队三支柱。进一步来看，HR 也应该跨出部门边界，与其他后台职能部门打造联盟、协同作战。随后，我们基于这些变化，审视了这个时代 HR 需要具备的五大素质维度。

第五章是两篇场景感十足的文章，回答的都是当前 HR 最容易遇到的困惑，也是本书最想给予 HR 的"善意提醒"。一方面，HR 应该将老板的各类要求用名为"人力资源战略地图"的工具进行分解，明确战略、战术、路径等，确保工作有聚焦、有思路、有交付；另一方面，在当前的经济寒冬里，企业开始向管理要红利，HR 必然受到极大挑战，这里给出了若干简单直接的人力资源管理举措。

新的时代已经来临，不管愿不愿意，趋势就在那里。拥抱变化，才能在趋势中起舞，而故步自封，最终只会被时代所淘汰。

亲爱的读者，愿你成为趋势中的弄潮儿，也愿你在这本书里找到互联网时代人力资源管理的新答案。

CONTENTS

目　　录

推荐序一　管理应该激发人性的善意
推荐序二　企业家更要"练内功"
推荐序三　作为生命体的企业应该如何进化
序　互联网时代的人力资源管理新答案

第一章　组织：走向平台型组织　001

第一节　砸碎金字塔组织　003
第二节　走向平台型组织　016

第二章　激励：经营人力资源　030

第一节　从人力管理到人力经营　032
第二节　从财务业绩到人力效能　039
第三节　从人力效能到人力资本　052

第三章　赋能：孵化人力资源　068

第一节　重构人才孵化器　070
第二节　解密人才生态　081
第三节　启动知识管理　095

第四章　定位：组织 HR 战队　　　　　　　　111
　　第一节　重新定义 HR 角色　　　　　113
　　第二节　重构 HR 三支柱　　　　　　128
　　第三节　重组跨职能联盟　　　　　　139
　　第四节　刷新 HR 能力　　　　　　　149

第五章　善意的提醒　　　　　　　　　　　159
　　第一节　战略地图，人力资源管理需要以终
　　　　　　为始　　　　　　　　　　161
　　第二节　寒冬之下，人力资源管理有何作为　180

后记　用观点推动商业实践　　　　　　　　192

参考文献　　　　　　　　　　　　　　　　197

INSPIRE POTENTIAL

TOP-LEVEL DESIGN OF THE
HUMAN RESOURCE IN PLATFORM-BASED
ORGANIZATION

第一章

组织：走向平台型组织

企业家都面临这样一种无奈,当他们赋予了企业生命的那一刻,就注定会迎来企业的死亡。无数的人都在追求企业的"永生之泉",这些努力却无一不以失败告终。

"大企业病"是金字塔组织的必然产物,这种现象犹如器官的衰老一般,让企业只能拥有有限的生命周期。在金字塔组织里,由于横向分工和纵向授权形成的秩序,导致部门墙和隔热层,企业变得效率低下。即使企业尝试强化管理手段,也无法扭转金字塔组织的底层逻辑。

为了跳出生命周期,随着企业的发展壮大,它们必然转型平台型组织。这种趋势在互联网时代被进一步放大,因为,只有平台型组织才能让企业变得更轻、更快、更强,从而拥有时代的竞争力。

平台型组织形成了小前台、强中台、大后台的组织结构,并将财权、人权、事权配置给前台,让前台听得见炮火的人来呼唤炮火,让员工从"听领导的"变成"听用户的"。在这样的组织里,员工成为企业的合伙人,通过为用户创造价值获得收益,彻底改变了传统的单纯的雇用关系,释放了组织和个人的潜能。不仅如此,平台的开放性更决定了其会越长越大,基业长青。

当组织转型成为事关企业生死的课题,企业家们迫切需要HR提供的解决方案。这既是HR彰显价值的机会,也为他们提出了高难度的挑战:一方面,他们需要提升到企业家视野的高度,从经营的角度思考组织,从组织的角度思考人力资源管理;另一方面,他们需要基于这种理解，协助企业家为组织"动大手术"。

传统观点认为，平台型组织是某些发展到一定阶段的企业才能采用的奢侈品，HR自然把这套方法论当作"附加题"⊖来敬而远之。事实上，这种转型不是要企业在某个时点拨动"开关"，一键切换，而是要它们在处于金字塔组织的时候就导入某些平台型组织的基因，未雨绸缪。从这个角度来看，平台型组织的方法论似乎应该是"必答题"，甚至已经成为互联网时代HR的标配了。

第一节

砸碎金字塔组织

与企业的生死相比，人力资源管理都是小事。所以，不妨从企业生死的规律中去寻找，人力资源管理能够成就什么大事。也许，转换到这个更加宏大的视角后，HR看到的风景会有所不同。

企业为何死亡

高段位的企业家似乎都是悲观主义者，他们的大脑犹如一台运算能力强大的计算机，在导入了大量数据（过往的经验）之后，早已推演出企业未来的终局。他们已经意识到，好产品、专利壁垒、海量用户、政策壁垒、强势领导人……都不可能让企业长盛不衰。企业也是一个

⊖ 比喻做了可能会更好，但不做也没有太大关系的一类工作。

生命体，必然有其生命周期。

正是基于企业家们的这种焦虑，学商两界都试图寻找到企业的"永生之泉"。它们的探索方式如出一辙，找到优秀的公司，提炼它们成功的关键因素，将其整合阐述为一种"模式"。但是，这样的方式走入了误区。

企业的成功是一个"万花筒"，各有各的原因。如果我们去研究成功，很容易陷入一个"倒果为因"的逻辑陷阱。如果假设成功的企业所做的都是对的，我们可能会走到"向乔丹学足球"的尴尬境地。

那么，我们应该关注什么呢？答案是：研究失败！道理很简单，成功各有各的不同，而失败一定是触犯了事物本质的逻辑。所以，研究失败，才能够日益接近事物的真相。

笔者尝试通过如下步骤，从企业的失败中探索"永生之泉"。第一，研究失败企业的样本，找到失败的共同规律，即企业发展过程中那些"必然的陷阱"；第二，寻找能够突破这些规律的标杆企业样本，把它们的方法论总结为"模式"；第三，基于这些"模式"，去辅导成长中的企业，验证这套"模式"。如果验证成功了，我们就可能找到了企业真正的"永生之泉"。

若干年后，我们发现了一种企业失败的"共同规律"（见图1-1）。下面，通过企业成长的三个阶段来阐述这种规律。

第一个阶段是"车库创业期"。这个阶段的特点是，老板用个人魅力带领合伙人团伙一起创立企业。这类创业小团队组织活力是最强的，但企业并没有规模优势（包括规模生产、分销、采购等形成的优势）。此时的企业，主要是由组织活力驱动的。"车库创业期"最多持续几年，随后，随着员工人数的增加，分工不均、组织内人际关系开始复杂、个人职业倦怠产生等情况逐渐出现，组织活力会迅速下降，这个过程几乎不可逆转。有意思的是，不少互联网企业就喜欢将这种短期的"故事"当作一种"模式"，强调"创业精神"，强调"去管理化"，这直接导致管理的粗放，并带来不可估量的后果。

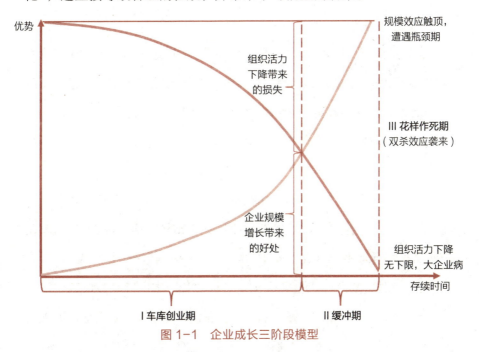

图 1-1 企业成长三阶段模型

资料来源：穆胜企业管理咨询事务所。

第二个阶段是"缓冲期"。这个阶段的特点是，企业已经拥有了一定的规模优势，但"大企业病"开始出现，组织活力急剧下降。此时的企业，主要是由规模效应支撑的，但在管理上乏善可陈。其实，这是中国不少企业家信奉的发展路径，他们更希望将精力放在战略布局和资源整合上，对管理则缺乏匠心。他们选择"先做大，再做强"，相信规模优势才是根本，而对"大企业病"视而不见。有的时候，他们甚至会用"帝王术"来驾驭组织，将"大企业病"视为必然。其实，这类企业是"带病发展"，其打下的规模并非有效规模，后续必然遭遇困境。"缓冲期"也是一个时间窗，如果企业在这个阶段沉迷于做大，而不雕琢管理，组织的基因就会被固化，后续无论如何努力，也没有转型成功的可能。

第三个阶段被笔者称为"花样作死期"。 在这个时期，由于"大企业病"，组织活力的下降会一直持续，但规模效应已经触顶，遭遇瓶颈期，无法撑住发展趋势，企业将被拖入深渊。一方面，规模效应触顶这几乎是企业发展的必然规律，不是指规模效应的原理消失，而是指以企业的经营能力，没有办法挖掘出更多的规模效应；另一方面，组织活力的下降是没有下限的，在极端的情况下，员工不仅可以磨洋工，没有任何产出，还可以降低组织效率，挥霍市场机会，浪费各类资源，企业的损失远远不止其人工成本本身。

在"花样作死期"，企业会出现一种"管理上的双杀效应"：

一"杀"是员工动不起来，被企业自己耗死。 由于企业越来越大，分工极度精细，每个人都变成了企业的零件，为自己的动作负责，而不再为企业的经营结果负责。换言之，企业进入了"吃大数"的怪圈。这个方面，典型的数据表征就是人力资源效能（Human Resource Efficiency，简称"人效"）下降，如人工成本报酬率、人工成本投产比、人均毛利等指标的下降。

二"杀"是企业创新乏力，被外部环境杀死。 由于企业分工极度精细，每个员工的关注点都是自己的动作是否完成，大家习惯用动作换取绩效指标（KPI），用指标换取薪酬。甚至，在绩效考核不够精细时，员工还会为了获得更好的评价而讨好领导，进一步加速了企业的官僚化。此时，大家不关注市场究竟需要什么，即使听见了市场的声音，也会把这些声音当成"屋子里的大象"视而不见，不会有所行动。当企业没有紧盯市场，没有基于用户需求进行创新时，产品就陷入同质品的竞争，自然守不住价格。在这个方面，典型的数据表征就是财务效能下降，如资产回报率、投入资本回报率、毛利率、净利率等指标的下降。

这两个方面对企业的负向影响不是孤立的，而是有相互加速的作用：

◎ 当企业扩张人员规模，"大企业病"会导致增加的人员不能有效产出，人效下降。同时，因为人员和分工增加，官僚体系自然被强化。

◎ 由于人数和人工成本增加了，必然带动其他成本费用增加。与此同时，更庞大的官僚体系导致创新不足，产品缺乏竞争力，收入下降。收入降低与成本费用增加叠加到一起，财务效能自然下降。

◎ 财务效能不佳导致企业误以为需要更多的人员投入。即使老板不愿意加人，员工也会以"缺人"的理由来要编制。要来的人员被抛到官僚体系里依旧不能有效产出，又导致了人效的进一步下降。同时，官僚体系自然被再次强化。

◎ 人效的问题又会反馈到财务效能上……

如此一来，循环往复，企业跌入深渊。所有的企业都逃不出这个规律！

"大企业病"的根源

"大企业病"带来了"管理上的双杀效应",那么,"大企业病"究竟是如何形成的呢?

当前,大多企业采用的组织模式是马克斯·韦伯提出的科层制(Hierarchy)或官僚制(bureaucracy),也叫金字塔组织。这种组织模式非常清晰:一是通过横向的分工形成不同的职能条线;二是通过纵向的授权,让每个层级上面拥有足够的责、权、利,这样就能形成一个井井有条的协作系统。但这个协作系统会形成两个重要的问题:

◎ 横向分工形成的部门墙。部门、团队、个人之间永远有合作,必然会出现某些"交叉职责",很难定义究竟该谁做。而且,大家还会遵循"判例法习惯",谁做了第一次,就代表他(她)或他们认领了这项职责。否则,人家一句话堵死你:"上次都是你(们)做的,为什么这次不做了?"所以,面对交叉职责,大家的最优策略选择都是往后退一步,中间就会形成一堵"部门墙"。

◎ 纵向授权形成的隔热层,即上级和下级之间关于责、权、利的边界始终说不清楚。上级不授权,要么是因为迷恋权力,要么是因为不信任下属能把事情做好。而在这样的情况下,下级也会自然地推责、争权、揽利。于是,上下级之间就出现了若干的真空地带,这个就是"隔热层"。落到现实中,这意味着老板的命令很可能"出不了办公室"。

在这种情况下，企业的部门墙和隔热层会把所有人划分在一个个"牢笼"中，大家左右不协调，上下不协调（见图1-2）。这时，企业会出现三重现象：一是员工怨声载道。每个人都埋怨自己的权力太小，利益太少，责任太大。二是员工怀才不遇。由于责、权、利没有说清楚，员工从根本上缺乏一个明确的"赛道"，他们更像是赛道边的苛刻"看客"，每个人都对"该怎么跑"滔滔不绝。三是员工姿态很高。每个人都喜欢动口，"说观点，表决心"，而一旦要做事情，没有人愿意动手。

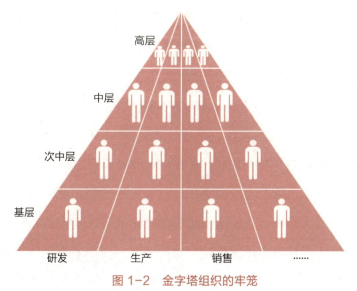

图1-2 金字塔组织的牢笼

资料来源：穆胜企业管理咨询事务所。

类似现象在每个企业中都会出现，一开始，企业家们将这些现象视为企业发展过程中的必然，但随着这些现象愈演愈烈，他们就会突然重视并向HR施压。HR被要求调组织、调流程、调激励……正因为如此，HR会感觉到企业家们突然"变脸"，感到无所适从。企业越大，

"大企业病"就越突出,老板们对于 HR 的要求就越高。客观来说,这既为我们的 HR 带来了大量的机会,也带来了前所未有的挑战。但现实中,大量 HR 面对挑战,表现乏善可陈,白白浪费了机会。HR 破解"金字塔组织难题"最直接的武器有两种:

一是进行业务流程再造。HR 希望以用户需要的价值为终点,以终为始地倒推需要哪些节点参与价值创造,并将其连接为一个最精简、高效的流程。在此基础上,赋予流程节点高于横向分工和纵向授权的权力,以此来打通部门墙和隔热层。但是,越来越多的人会将自己的节点加入到流程当中,流程会逐渐变得冗长而低效,导致形成新的官僚——流程桶。在严重的情况下,流程节点权力至高无上,原有金字塔组织中依靠上级领导协调的机制也会在一定程度上失去效果。不仅如此,由于并非业务专家,HR 在业务流程再造中的存在感也一直不足。

二是强化绩效考核。HR 希望根据部门的职责设计考核指标,把指标分解下去,让每个人带着责任,从而促使他们主动协调,打破部门墙和隔热层。遗憾的是,这条路也很难走通。在企业的各个功能模块中,除了销售是由市场评价的,其他任何一个都不好考核。如果对标行业标准,功能模块的负责人永远可以找出自己的特殊情况(来降低指标);如果是由内部用户评价的,就会形成大量的扯皮,需要双方共同的上级领导来进行大量仲裁。不仅如此,仲裁之后的结果始终是"软性的",道理很简单,即使内部供应商服务很差,但企业内就此一家,别无他处。内部用户根本不可能找到替代者来形成"可置信威胁"。这时,企业内部更像是一个"价值棍"而非"价值链",因为每个环节都不可能被替换掉，上下游都是锁死的。这个时候，评价的标准就是领导。所以，除了销售，所有职能的最优策略选择都是去讨好领导，企业内部就形成了"官僚作风"，俗称是"脸对着领导，背对着用户"。正是出于这些原因，HR推动的绩效考核大量以失败告终，最后在企业内形同虚设。

上述两大武器的失灵，导致员工的产出难以预期。如果把企业对于员工支付薪酬的行为看作为投资，这项投资很难进行"投后管理"，这让企业家们颇感绝望。换句话说，一旦把人工成本花出去时，他们基本上就失去了对于这笔钱的控制，至于员工能产出什么结果，大多只能靠运气。有人形容，传统的组织模式中有"三拍"，老板"拍脑袋"定指标，员工"拍胸脯"保证完成，考核不达标"拍屁股"走人。

没有解决金字塔组织的天然漏洞，HR做再多的工作（如人才培养、员工调配、企业文化等）都像是隔靴搔痒，老板们的怨气逐渐累积，HR的委屈无人倾诉，似乎生活在水深火热之中。

组织模式的下一站

企业要破解"大企业病"，必须对组织模式的底层逻辑进行探索。

通过后台职能部门的变化来观察组织模式的走向是个不错的角度。后台职能部门的定位、角色、规模等很好地体现了企业是"偏赋能"的还是"强管控"的，这是个极佳的视角。通过观察企业不同发展阶段里后台职能部门的规模，可以发现如下规律（见图1-3）。

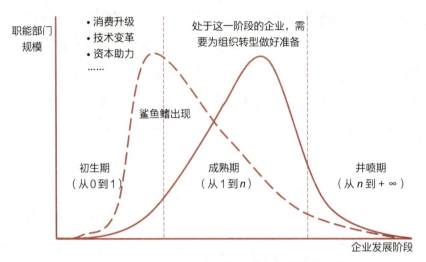

图 1-3 企业成长过程中后台职能部门的规模变化

资料来源：穆胜企业管理咨询事务所。

企业在初生期（从 0 到 1），就是一个工厂、作坊，或者为前店后厂的模式。老板家的小舅子就是财务，小姨子就是人力，后台职能部门规模很小，不需要太多的管理。

随着企业进入成熟期（从 1 到 n），生产系统越来越复杂，这时要求建立秩序，企业会建立财务、人力等一系列后台职能部门，后台职业部门规模会迅速往上走。后台职能部门规模越大，越是聚集了企业内的牛人[⊖]，就会管得越细，权力就会收得越紧，企业也会越官僚。

这时，企业会掉入"大企业病"的陷阱中，不少企业对此高度警惕，甚至强行限制后台职能部门的规模。以 2017 年度的万科为例，其用了不到 300 人的总部后台职能部门规模，支撑了几千亿元的营收规模。另一些学者则强调限制后台职能部门人员的质量，即强调太能干

⊖ 在大量的金字塔式的企业中，员工依然把进入后台职能部门作为职业晋升的最好跳板，俗称"进机关了"。

的人不能放在后台职能部门，因为他们会想方设法管一线，让一线失去活力。上述的操作显然都是"土方法"⊖，但我们从中不难看出，企业面对"大企业病"时的纠结。

成熟期是一个关键时期，如果企业能够有效转型为平台型组织（platform-based organization），就能够进入"井喷期"（从 n 到 $+\infty$）。此时，企业已经不是由后台职能部门把持权力，而是将责、权、利充分授予一线。于是，一线的作战部队能够快速搜索用户需求、进行概念设计、整合资源、交付产品，这就形成了一个个威力巨大的小项目。不仅如此，此时的平台变得无比开放，作战部队已经不再仅限于内部在册员工，而是会出现大量的创客移民充当"在线员工"。这让有价值的项目源源不断地冒出来，引发了业绩的"指数级增长"。自然，在这种转型后，后台职能部门的规模会自动被压缩到最小，精锐力量都开始转移到一线去创造价值。

企业要跳出生死轮回，必须走向平台型组织。只有这样才能摆脱部门墙、隔热层、流程桶形成的"大企业病"；只有这样才能让员工成为自己的CEO，将脸对着用户，背对着领导。当然，这更像是一种组织范式的转移，难度可想而知。在过去，企业尚且有时间在成熟期里纠结、试探，甚至保持健康的金字塔组织状态。但在互联网时代，企业必须转型平台型组织，它们只有一个极小的"时间窗"来思考自己的转型，一旦错过，再无机会。甚至，即使尚未吹响转型号角，企业依然需要提前引入平台型组织的某些基因（如市场化结算），为彻底转型做好准备。

⊖ 后面会谈到，合理的操作方式是通过机制来导向人员流动，而非强制调配。

为什么会有这样残酷的规律呢？主要是因为三股力量：

第一，用户的消费升级。越来越多的个性化需求和需要被满足，而且用户愿意支付高溢价。这个笨重的企业跟不上，其他灵活的企业可以跟上，而后就会高下立判，赢者通吃。

第二，互联网带来的技术变革。互联网形成了高效的线上连接方式，让用户唾手可得，让资源随需调用，让各种杀手级的产品有了冒出来的土壤。

第三，资本涌入带来的助力。在互联网形成的创业风口上，资本愿意疯狂投入，大干快上。它们会帮助那些足够灵活的企业，让企业快速完成行业内的资源整合，因为那里有太大的利益。

概括地说，消费升级带来巨大的商业空间，互联网技术带来孵化超级项目的可能性，资本助力则形成了强有力的推动，行业内的竞争会提前进入白热化，而大多数企业根本扛不住生力军的强烈冲击。进入互联网时代以来，跨界打劫、弯道超车的案例屡屡出现，倒逼企业尽量变得更轻、更快、更强，唯有如此才能生存。于是，原来的钟状曲线被拉扯变形，形成了一个"鲨鱼鳍"，企业转型为平台型组织的时间需要提前。相应地，企业准备转型的工作也应该提前。

我们 HR 的职责之一就是推动组织进化，但作为后台职能部门的一部分，组织进化最终是要消灭我们，这不禁让人唏嘘。面对这种纠结，应该何去何从？不妨先问自己一个问题：现在站在"山顶"的我们真的可以泰然自若吗？

在金字塔组织内，一线部门需要那种"无限配置资源，平时不骚扰作战，出了问题能够帮忙开脱"的后台职能部门。后台职能部门则需要那种"既听话又灵活"的一线部门。一线部门要求"放",而后台职能部门想要"管",由于立场不同,这种矛盾永远无法解决,他们都在想象不可能出现的对方。

现实中,必然的规律是"一管就死,一放就乱","管"和"放"之间根本没有平衡点。而当遥控器掌握在人力资源部、财务部等后台职能部门的手中时,深谙老板思路的我们一定会倾向于"管"。因为我们清楚,任何一个老板都宁愿发展得慢一点,也不愿意企业失控。

尴尬的是,我们洞悉老板的需求,对一线部门进行严格的"管控"时,却又必然影响一线的灵活性,耽误打仗。此时的老板又会埋怨"我让你们管,没让你们把人家管死了。"HR 的角色进退维谷,只能原地踏步,受着"夹板气"。

任正非曾经有一段半开玩笑的话安慰财务部门,大概是这个意思:"财务部,你们在企业内部的评价是不太高,大家觉得,一线在打仗的时候,你们没有起到好的作用,敌人在的时候不给弹药,敌人走的时候又把弹药送过去。但是不要伤心,不要难过,在你的身后永远有人给你们垫背,你们永远是企业内部评价的倒数第二,倒数第一永远是人力资源部嘛。"

这种"山顶",不站也罢。人力资源部要跳出这种"尴尬"局面和摆脱"被甩锅"的角色,就应该明确组织转型的趋势,提前做好准备,甚至主动推动变革。当然,我们也可以对趋势视而不见,但换来的就是,老板们亲自上手操盘我们的本职工作,并将此类项目冠以"组织变革""组织转型"之名。而在那个时候,我们就将彻底失去话语权。

与其"他杀毁灭",不如"自杀重生"。

第二节

走向平台型组织

显然，对于组织模式的进化，企业已经不能在传统思维逻辑内思考答案，迫切需要找到一个新的范式。

近年来，关于这种组织转型的需求越燃越旺，平台化、扁平化、无边界组织、去中心化、去权威化、自组织、小团队作战、划小经营单元等关键词已经占领了媒体的版面，成为老板们高度关注的方向。

但在众声喧哗之下，对于这类组织转型的方向并没有达成共识，每个发声者似乎都在诉说自己一套独有的逻辑。观察实践后更不难发现，真正能够实现预想中组织转型效果的企业更是寥寥无几。

基于对这个领域多年的研究和实践，我想给出一个笃定的答案：组织转型的方向必然是平台型组织。

组织模式的进化轨迹

前面，我们已经谈到了组织模式进化的三阶段以及每个阶段后台职能部门的规模变化。在现实中，虽然上述规律依然成立，但组织模式的演化过程更加复杂。另外，我们也强调，并不是后台职能部门缩小就意味着企业走向了平台型组织，强行缩小后台职能部门更像是一种"土办法"。你不能说它没用，但毕竟不是正解。

也许，透过详细的企业组织模式进化路径，我们可以发现更多的规律，坚定打造平台型组织的方向。至今为止，所有企业的组织模式大概可以被归纳为六种，其进化规律实际上是两次循环（见图1-4）。

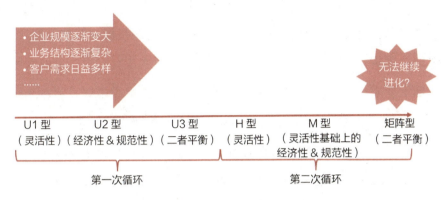

图1-4　企业组织模式的进化轨迹

资料来源：穆胜企业管理咨询事务所。

第一次循环是从直线制到直线职能制。假设某人有一个小作坊，如果要通过开分店的方式来扩张，分店会越开越多。此时就应该实施区域管理，让大区管中区，中区管小区，这种组织结构就叫作"直线制"（line structure，U1型）。在这种结构中，每一个门店都拥有全部的人力、财务等后台职能，总部并没有收权。正因为如此，这类组织模式特别灵活，每个分店拥有完全的决策权限，可以根据市场需求快速应变。但这种组织模式的问题也接踵而至。一方面，为每个分支机构配齐后台职能，导致了机构庞杂，不够经济；另一方面，由于授权太多，还有可能导致失控，如人工成本暴涨、人员编制扩张、干部提拔失控，甚至还有可能出现权力寻租的道德风险。企业越是规模壮大，这类问题越是突出。

此时，企业会选择将人力、财务等一些职能"收"上去，进行统一管理，组织模式就变成了"职能制"（functional structure，U2型）。

在这种组织模式中，老板并不直接指挥业务，而是依靠身边的人力、财务、生产、采购等参谋部门进行管控。这样一来，首先就解决了经济性问题。比如，100个分店进行集中采购，这时是很划算的。然后，也解决了规范性问题。因为一线部门的人员根本没有权力，只能按照总部的要求行事。但问题也出现了，那就是这类组织不够灵活，一线部门即使能看见市场的需求，也只能按照总部的规范按部就班行事。

所以，第三个阶段就是进入"直线职能制"（line and function system，U3型）。这一模式最早由通用电气（GE）创立，其收取了一部分职能到后台，同时也有对分店的授权，尝试在灵活性、经济型和规范性之间进行平衡。

第二个循环是从控股公司制到矩阵制。企业继续往前发展，用户规模变得更大，业务结构变得更复杂，用户的需求变得更多样。这时，原来的直线职能还是会出现"管太死"的问题。于是，出现了一种"控股公司制"（holding company，H型），也就是集团通过股权关系去管控下面的子公司，让它们完全以自主运作的方式去灵活匹配市场需求。这样又有点回到直线制，它的优势是灵活，但显然不经济，而且容易失控。

所以，集团又开始把一些权力收上去，这就形成了"事业部制"（multi divisional structure，M型）。这种组织模式是由美国通用汽车总裁斯隆于1924年提出的，故有"斯隆模型"之称，企业会收一部分职能在总部，放一部分职能进事业部。请注意，这里的企业不再激进地走向类似"职能制"的完全收权，而是走向了类似"直线职能制"的收放结合。但不出意外地，经济性、规范性和灵活性之间的平衡依然很难掌握，尤其是此时企业的规模已经相当庞大。

当用户的需求变得快，市场要求企业异常灵活时，事业部制就显然过时了。这时候怎么办？大多企业会采取矩阵制（matrix structure）的方式，一方面是将总部层面的权力下沉授予到按产品划分、能够接触到市场的"项目小组"；另一方面是职能在总部层面的进一步整合，在总部形成了研发、生产、营销等整合的职能模块。项目小组调用总部的若干职能资源，形成有效的跨部门协作，完成商业从"创意"到"货币"的全过程，而完成项目之后，项目小组就会解散，成员回到原部门。矩阵制名义上解决了经济性和灵活性的问题，但实际上存在极大瑕疵。由于每个人在企业内都有不同条线的归属，需要同时向几个领导汇报，这就大大延迟了组织效率，还有可能最终无法调动资源。以至于，企业不得不通过若干的委员会来进行协调，进一步把决策权撕扯得七零八落。在这样的组织里，拉扯、推诿、扯皮的现象一个都不少。

可以发现的是，企业设计组织模式的出发点有三个：一是灵活性，即扩张出去的分支机构能否应对市场上变化万千的需求；二是经济性，即能否用最精简的人员和机构达到要求，人员和机构不仅会形成显性成本，还会形成大量隐性成本（内部交易成本）；三是规范性，即能否对于扩张出去的分支机构进行有效管理，确保其运作规范、有效协同、不踩红线。

以前，实践者们在收收放放之间总能找到某种平衡，打造适应当下战略环境的组织模式。但进入了互联网时代，这条进化轨迹似乎被截断了。因为，这个时代对于组织模式设计的要求大大提升了。

◎ 超级灵活性。极度苛刻的互联网用户对于产品或服务的"体验"有极高要求,企业需要一种近乎变态的"灵活性"。

◎ 超级经济性。用户对于"低价"有极高要求,企业还不能丝毫牺牲"经济性",甚至要求强化"经济性"。

◎ 管理规范性。企业宁愿发展得慢一点,也不愿意失去对于分支机构的控制。如果用情怀、理想主义信任作为理由来回避"管控",必然是另一个凡客。

显然,在上述这些苛刻的约束条件下,基于金字塔组织的范式内根本无法求解,难怪 HR 给出的若干答案都不能让老板们满意。原来,答案根本就不在我们的武器库里!砸碎金字塔组织已经成为企业获得生存空间的唯一选择。

平台型组织的设想

当前,市面上关于新型组织的概念已经有几十个之多,但这些概念都逃不出平台型组织的逻辑框架㊀。或者说,新型的组织模式多多少少都会包含有平台型组织的设计。正因为如此,本书基于平台型组织阐述人力资源管理的新模式,就具备了一定的普适性。

㊀ 选择"平台型组织"这个概念来刻画新的组织模式,理由有三点:第一,这个概念需要具有包容性(解释力),能够类比当下的不同现象和未来的多种可能;第二,这个概念必须有深度,能够为现象找到背后的理论解释;第三,这个概念必须能够延展到落地方法论上去。

什么是平台型组织？

我在《释放潜能：平台型组织的进化路线图》一书中提到过，平台型组织应该具备三大构件：一是"资源洼地"，即在平台上获得资源的单价低于外部；二是"共享机制"，即参与者在平台上的贡献，能够获得相对外部其他平台和内部金字塔更为合理的回报；三是"精神底层"，即平台要有共同的价值观——平等、自由、开放。

"精神底层"都是无法改变的，"资源洼地"尚且有建设的方法，后面的内容会谈到。抛开这两者，转型平台型组织的关键在于共享机制的设计，这应该符合三大标准。

第一，职能并联，或称并联劣后。"劣后"是一个金融术语，意味着一起合作的伙伴中，谁承担最后"兜底"的风险。举例来说，当公司经营不下去而需要清算资产时，谁的权益优先得到清偿，谁就是"优先"的，谁的权益最后得到清偿，谁就是"劣后"的。金字塔组织内，大量职能模块都是按照流程"串联"起来的，每个职能各管一摊，完成自己的动作即可，形成了前面所说的"供应棍"效果。从表面上看，似乎是人人有分工，但实际上，每个模块都不对最终的市场结果负责。

所谓并联模式，就是让所有生成价值的核心职能共同面对市场风险，要死一起死，要活一起活。海尔将采购、生产、销售等不同职能模块简化为"小微"，再将"小微"并联成为"小微生态圈"，华为在研发流程链条上将不同节点并联，形成了超级集成产品研发团队（SPDT），都是这个方式向上的实践。不仅要将前台作战单元里的职能模块并联，真正的平台型组织还应该将中后台的职能模块并联上去。

穆胜事务所在为一家制造型企业设计的平台型组织方案里，将每一个前台项目赚取的酬劳，直接切割到中后台的每个部门中去。这样一来，就形成了全员并联的效果。

这样做有什么好处呢？以研发为例，传统研发是不对市场结果负责的，但并联之后，不是说研发完成设计方案就可以拿到钱，而是必须把它变成产品并换成货币收益才可以拿到钱，所有核心参与者都是共同的合伙人。

第二，用户付薪。在金字塔组织里，老板负责给员工发薪酬，而员工的薪酬都是入职前谈好的。正因为绝大多数企业都是"老板付薪"，自然都可以算出一个明年的"薪酬预算"。但这样是不合理的。如果企业可以做出"薪酬预算"，就相当于其在年初时就已经计划好了应该给员工多少钱，员工基本上可以按时领取薪酬，而不管企业的业绩如何，员工没有承担任何风险。企业当然可以用绩效考核来限制薪酬发放，但这种方式在现实中基本是失效的。

不妨算一笔账。一般来说，大多数企业的员工，薪酬中大约有40%是浮动薪，这个部分通过绩效考核来核算发放。按理说，百分制的绩效打分可以从1分打到100分，实际上并非如此。我做了一个测算绩效得分浮动部分占总分比例的指标，叫"激励真实指数"。在穆胜事务所采集了几十个企业的样本后，我们发现，所有企业的激励真实指数都在5%以下。也就是说，绩效考核里的打分都集中在了一个"很有默契的区间"内，一般来说，下不了60分，高不过70分。当员工薪酬中仅有40%是浮动薪，而40%当中仅有5%在真实浮动，整个薪酬中的实际浮动范围就仅仅是40%×5%=2%。

事实上，合理的模式应该是薪酬的固定部分可以做出预算，而浮动部分应该是随着企业的市场表现同向波动的。要实现这种效果，就必须走向"用户付薪"，即企业里员工的薪酬不是老板发的，而是市场发的。在这种模式里，员工通过企业固定获得的薪酬仅占很小的比例，而大量薪酬都是通过满足用户创造实际业绩而获得的提成。此时，员工就真正成为企业的合伙人。在这样的情况下，员工才会听用户的，而不是听领导的；在这样的情况下，企业才不需要对付员工，因为员工会自己对付自己。

第三，动态优化。很多人说，我们这个企业里面缺人才，实际上，企业缺人才是一个伪命题。相对企业的下一个发展目标来说，永远"缺人才"。问题不是"缺人才"，而是缺人才流动机制。

优秀的企业选人才的方式，不是用一个僵化的素质模型来筛选。素质模型的效度和信度都是有限的，尤其是在这样一个不确定性的商业环境中，更加难以预测人才的"胜任可能"。对于好的企业、真正成功的企业，人才甄选机制都是"赛马不相马"。具体来说，这些企业更愿意搭建一个开放性的平台，一边让用户的需求涌入，一边让员工的能力涌入，看看这些员工能否实现用户的需求。用海尔人单合一的语言来说，"谁举高单，谁的预案能预赢，谁就上。单不能变，人可以变。如果单变了，人跟不上，人也需要变。"正因为用户的需求在不断增加和升级，平台的本地化资源无法满足其诉求，这就倒逼平台一定会走向开放状态，基于用户需求导入各类资源。

当企业满足了上述标准，一定是平台型组织的企业，这样的企业可以消除"大企业病"，跳出死亡的宿命。因为这是一个金融上的"对冲结构"，用户需求和资源供给自动匹配，即使项目有输有赢，平台也总是不败的。

如何转型为平台型组织？

HR 应该在自己的专业疆域内进行以下三个方面的调整。

第一，重塑组织结构。组织结构决定了"责"和"权"的问题，两者决定了企业每个部门、每个团队、每个员工的角色定位，形成了企业内部的指挥链条。平台型组织应该通过组织结构的调整，达到前台拉动中台、中台拉动后台的效果，前台应该是指挥链条的发起者。

第二，重塑激励机制。激励机制决定了指挥链条上每个节点"利"的分配，为指挥条线上的每个节点注入了自动自发的动力机制。平台型组织想要实现的效果是"人人都是自己的 CEO"。

第三，重塑赋能机制。赋能机制决定了指挥链条上每个节点"能"的匹配，为指挥条线上的每个节点导入知识和各类资源，让其具有更大的成功可能性。平台型组织想要实现的效果是，每个普通员工都能在平台的支持下，快速升级为"超级创客"。

我们将在第二章和第三章中分别介绍激励机制和赋能机制，而在本章的剩下部分中，主要介绍如何重塑组织结构以打造平台型组织。

重塑组织结构

传统金字塔组织是一种"推动结构"，后台职能部门和公司高层是动力源，但平台型组织是一种"拉动结构"，前线的用户（客户）才是动力源，企业的一切活动都是围绕用户的需要来组织的。

为了实现这种拉动效果，大量意图转型的企业都将组织结构图"倒过来"，结果却是"换汤不换药"。事实上，在真正的平台型组织结构里，各个组织构件的定位都发生了变化，另外需要新增一些组织构件，而在那些新增的构件里，HR 也将找到自己新的价值所在。

前台结构

任正非认为，应该"让一线听得见炮火的人来决策"，这非常形象，只有一线了解战况的人才有资格下命令。张瑞敏的观点相似，他认为"无交互，不生产"，只有通过与用户的交互获得真实刚需，才能够发起生产，否则生产出来的产品最终都会变成库存。

在这样的情况下，一定有一个项目的负责人（可能是一个小团队）是在交互用户，获得用户的真实刚需。然后，这个负责人会组织销售、生产、研发、采购等核心职能的接口组成团队，进行协作。各位注意，不是把这些职能的团队整体放进去，而是让能够调动资源的接口人进去。这个团队里的每个角色都是并联起来面对用户的。

当然，你也不能期待这样一个小团队就能够完成从"创意"到"货币"的全过程。所以，这个团队还会有外圈的协作，即企业的外包商和内包商（内部部门改造过来的承包商）。

所以，在前台有两层关系，内部的这类关系是并联，也就是合伙（partnership），外部的这类关系是串联，也就是外包关系（outsourcing），这两种都叫市场关系。

需要提醒的是，不能将任何职能都放到内圈进行并联，一定是最重要的职能。什么叫最重要的职能？就是如果这个职能发力，能够给项目带来很大的价值增量，而如果这个职能做不好时，能够给项目带来很大的减量。如果将所有的职能都拉入内圈进行并联，那是在做股权众筹，俗称用股权来"撒胡椒面"，这是很愚蠢的。

中台结构

这个中台，是由传统人力、财务、战略在内的各类职能向业务部门（前台）派出的业务伙伴（business partner，BP）。后面会谈到，不仅人力职能有BP，财务职能在20世纪80年代就已经建立了BP。这些BP将组成一个个小团队，进入每一个前台项目，与这些项目的成员一起并联劣后，共同推动业务。

具体来说，其实就是做两件事：一是投资评估；二是投后管理。它有点像一个投资机构里面的投资小组。

所谓"投资评估"，就是看看这个项目靠不靠谱？有多大可能会获得成功？因为企业内部发起一项业务，实际上是企业划拨预算，投入各类资源，争取产出，本质上就是投资。这些投资项目不能都由领导来决策，职能部门的各类角色要进入前台，利用结构化的工具进行项目梳理，并给出投资建议，提高高层（如投资决策委员会）投资决策的效率。

所谓"投后管理"，就是这类职能部门BP运用专业知识帮助项目做"风控"和"增值"。前者是做机制的落地，即通过观察业务目标的达成情况，动态评估项目的价值，并将评估的结果转化为员工的激励兑现。在项目连续不能实现预期目标的情况下，要重组团队，甚至及时止损。

后者是做资源的对接和经营思路的梳理。一方面，BP 们来自后台职能部门，本身掌握了资源配置的规律，更适合推动资源的对接。另一方面，BP 通过教练式的辅导，能够帮助前台理清经营思路，制定战略，寻找新的路径。

上述要求已经远远超过了传统职能部门的能力，所以，一个传统的 HR 进入中台后会极度不适应，有很大可能不被前台认可。原因很简单：第一，HR 大多不懂得业务；第二，HR 的专业工具过时。

当然，除了能力方面的瑕疵，在意愿上，这类 BP 没有问题，因为，这些人和前台是并联劣后的。在过去的组织模式里，当 BP 们被派到业务部门时，他们通常被认为是"政策警察"。但在平台型组织里，利益的绑定让大家站到了统一战线上。

后台结构

后台即各类经营职能部门（如采购、生产、销售）和后台职能部门（如人力、财务、战略、法务等）。它们都不是在前台直接作战的部队，而是主要做以下三件事：

第一，做市场规则的设计者，如设计人的规则、财的规则、战略损益计量的规则，这是看不见的手。

第二，做违规行为的处罚者，即进行宏观调控，这是看得见的手。比如，采用贿赂的方式拉升销售额，这样给企业造成了很大的法律风险，再比如，用盲目赊销的方式拉升销售额，但造成了现金流失控。这些都是踩红线的行为，企业需要进行强监控。

第三，做资源池的建设者。资源池意味着"资源洼地"，也就是说，在你的企业里获取资源比其他地方便宜。举例来讲，海尔有一个叫海达源的采购平台，负责在集团内进行拼单集采。比如，洗衣机、热水器、电冰箱需要铜管，就可以把铜管需求全部汇总到这个平台上，然后，再基于这种规模，与供应商谈好价格、质量、交货期、付款条件等条款，最后，一旦任何产品部门需要这个铜管时，就可以一键下单。这就是资源池。

当前、中、后台都明确了自己的责任和权力，这就形成了一个大后台、强中台、小前台的组织形态。各位可以从战争史中看到这种规律。在第二次世界大战时，每个人以"军"为单位作战；到了越南战争时，就减少到以"营"为单位；到了中东战争时，进一步减少到7～11个人的"小班排"。这种小班排虽然人员编制不多，但是可以调动后方的庞大火力。他们发挥灵活的优势，快速渗透到敌军腹地，各种设备描绘出精确的地形地貌、火力分布等信息，将这些精准数据传给后方，然后再呼唤无人机等火力，配合他们进行精准的打击。这就是现代战争的灵活作战模式。

这里，还需要指出大多数企业在打造平台型组织结构时犯的一个典型错误。很多互联网企业从计算机技术中得到灵感，力图打造诸多职能上的"共用中间件"⊖，将其作为中台。它们认为，这样一来，前台就可以按照需要调动中台的资源，形成小团队作战的灵活效果。举例来讲，原来的技术部门如果过于官僚，会导致其不能为前台所用，一旦将技术变成模块化的"中间件"，就可以被大量共享。这样的想法

⊖ 这种中台的形式有数据中台、技术中台、应用中台、业务中台等。

有一定的道理，一定程度上可以加速资源的配置。但是，几乎没有任何企业能够让标准化的中间件完美地贴合一线的需求，资源的调用依然会需要大量协调。在这种所谓的"平台型组织"里，人力、财务等职能部门还蹲在"大后方"，并没有以 BP 的形式进入项目。由于缺乏人、财两条线的抓手，前台一定调不动相应的资源部门。所以，"部门墙""隔热层""流程桶"等问题依然存在，"大企业病"并未消除，这类企业依然是典型的金字塔组织。那种"共用中间件"不应该被叫作中台，而应该是后台资源池的一部分，可以被看作后台资源池部门主动经营自己的结果。㊀

说到这里，HR 不妨扪心自问，这个组织结构的"大手术"难度究竟有多大？我们需要打破原有组织结构的经典，引入一套全新的方法论；我们需要让企业家们理解这套方法论的合理性，并且将转型的蓝图落地到操作；我们需要与企业家们一起在这个尚且诸多争议的"无人区"里狂奔，还要随时警惕强势的他们掉到若干的"坑"里……

想想，不是每个人都有机会攀登珠峰的，所以，加油吧！

㊀ 当然，如果有人习惯于通过计算机技术来定义概念，把这个部分放到中台，我认为也是可以的，但这并不意味着后台职能部门派出的 BP 可以不存在。相比之下，后者可能更像是中台的必备要件。

INSPIRE POTENTIAL

TOP-LEVEL DESIGN OF THE
HUMAN RESOURCE IN PLATFORM-BASED
ORGANIZATION

第二章

激励：经营人力资源

在平台型组织的新组织结构下，首先必须配合强力的激励机制，否则，员工仅仅有责任和权力但缺乏利益激励，就会出现"权力寻租"的现象，这必然会导致平台型组织的目的无法实现。

传统的激励机制之所以无效，关键在于"人力资源管理"的定位。正因为我们习惯于将人力资源这项职能看作在"做管理"，才会为自己绑上"镣铐"，无法思考更多的可能性。这不仅导致企业的激励无效，对于员工的投资失败，也导致员工失去冲锋陷阵的意愿，失去了本来可能成就的事业。显然，这是一次"双输"，组织和个人的潜能将无限期休眠。

要改变这个困境，需要 HR 发力。在平台型组织的背景下，HR 的角色应该发生变化，我们必须坚决地从过去的"后勤角色"转型，思考如何为企业的经营结果带来更为直接的影响。

HR 不仅需要由过去的人力资源管理走向人力资源经营，关注最终的财务影响；还要由仅仅关注财务影响，穿透到关注财务结果的驱动因素——人力资源效能；为了确保人力资源效能的结果，更应该化身风投机构，将人力资源进行资本化。

总之，在这个时代里，HR 必须有经营人才的思路，还要沿着这条思路步步为营，快速进化。只有这样，才能将企业在人力资源上的投入锁定为明确的回报，让企业做明明白白的生意，让员工做明明白白的贡献。而当企业真的像金融机构一样，能够说清楚为每个员工的投资能够产生多大回报时，激励就进入了最高境界。

第一节

从人力管理到人力经营

如果在几年前,有人想把教材《人力资源管理》改为《人力资源经营》,一定有 HR 会骂他是疯子;如果在几年前,有人想让 HR 将自己的工作业绩与财务报告(以下简称"财报")相联系,一定有 HR 会骂他是傻子;如果在几年前,有人想打破经典的三支柱模型,让人力资源业务合作伙伴(HR business partner,HRBP)变成投资机构,一定有 HR 会骂他不够专业……

但时代的变换就是让人猝不及防,当 HR 生存的组织内外部环境变了,要不要转变,由不得我们。

价值链传统

作为一门生意,一般来说,脱离不了供应链、研发、生产、营销、销售、物流、服务等环节。企业通过在这些环节的活动,将生产要素变成产成品,并将其变现为货币。这些环节"串联"为"价值链"⊖,形成了创造价值的"主流程"。"价值链"上的各个环节相应地设置了若干部门,这是定位为"经营职能的部门"。

当然,为了让这个过程更加顺畅,一定要确保人、财两类资源能够有效流转,于是,人力和财务两大职能部门相应设立;为了让这个过程不偏离目标,战略、行政等部门相应设立;为了让这个过程远离

⊖ 请注意,这里不是迈克尔·波特定义的价值链。

风险、法务、质量等部门相应设立。这些部门与经营的主流程无关，被定位为"后台职能的部门"（或俗称的"后勤职能部门"）。

在负责经营职能的部门中，销售是由市场来直接反馈绩效的。换句话说，一线的销售是能够找到外部用户的，他们是产品转化为货币的关键一环。极端一点来讲，顶级销售（top sales）在企业内部以自己是"打仗的"自居，走起路来自带气场，老板也要敬他（她）几分。

除了销售以外，其他环节的绩效都产生于企业内部，难以由市场来定义。即使由内部的用户来定义满意程度，也因为标准不同而难以公正。举例来说，你能说研发做的设计是好还是不好，你说不好，他说好，你说卖不出去，他说是销售不行。正因为外部的竞争者不能进入，企业内部不是"价值链"，而是"价值棍"，各个环节是被锁死了的，根本不可能产生公平的定价。于是，这些部门的绩效只能由领导来定义。

后台职能部门更是如此。由于其并没有直接与产品或服务的生产流程发生联系，所以更无法评价其绩效。举例来说，人力资源部做了一个企业文化建设的项目，你能定义出它给企业带来的价值吗？你能定义出项目投入产出比吗？你只能说这个作用肯定是有的，这个作用对于企业来说是固本强基的。实际上，人力资源部这类后台职能部门的所有工作要么是程序性的操作，要么是这类所谓"固本强基"的操作。于是，这些部门的绩效也只能由领导来定义。

价值链变异

但是，当这些模块是"串联"而不是"并联"时，企业内部就感受不到市场的压力，就不可能被市场所驱动，而只能被领导所驱动。所以，以前的一句老话是"绩效好不好，还得看领导，领导不给力，一切全白废。"但请记住，领导对付不了员工，因为他们之间存在天然的信息不对称。正因为领导无法掌握员工工作的每个细节，所以，员工总有能够偷懒的时候，总能够报喜不报忧，报忧的时候也总能找出诸多理由。

传统价值链反映在组织模式上就是金字塔组织。这种组织模式适应了工业经济时代的需求，一度很重要，因为那个时代只需要生产出标准品就可以适应市场的需求。由一个大领导来指挥是最有效率的做法。但在互联网时代，用户需求千人千面、无限极致、快速迭代。一方面，大领导根本没有办法识别出市场的需求，因为他们被层层的汇报层级所隔绝，如同穿上了厚厚的毛衣，感觉不到市场的温度。另一方面，即使识别出来了，也很难驱动企业内部灵活协作，因为大家在明确的职责分工和KPI主义中已经被僵化住了。反映在现实中就是，面对创新，人人都嘴上说好，好了之后人人都不动。

正如第一章谈到的，市场始终会倒逼企业走向平台型组织，这自然会重塑价值链。于是，现在出现以下两个趋势。

第一个趋势：主流程后端的部门开始被推到前台，要求和销售一同"并联"。其中，海尔和华为都是典范。海尔把销售变成用户小微（经营单元）和后端的节点小微（经营单元），并用对赌协议进行连接，简单来说，用户付钱，大家一起分钱，用户不付钱，大家一起死。华为则是让与用户需求相关的角色都进入项目小组中，做出成绩再一起分享，做不出成绩大家都没有绩效可言。同样都是并联，同样都打穿了部门墙，这实际上就形成了当下被热议的"合伙人"的状态。

第二个趋势：要实现并联，必须对"人"和"财"这两类资源有很好的"经营思路"。现在，"人"是一切资源的中心，能够撬动经营，而"财"是一切资源流转的润滑剂，本身就是经营的单位。换句话说，要实现并联，必须把"人"和"财"的规则说清楚，从而实现一种市场化的机制。从这个意义上说，传统负责后勤的职能部门，实际上成为"平台的经营者"。财务、HR这类人员的经营能力，决定了平台活跃不活跃，他们也因此被绑定到了经营效果上，被要求强制跟投，或者对于效能等经营类指标负责。

经营或管理

企业的组织模式转型为平台型组织，对于以"后勤"定位的职能部门来说绝对是一项挑战，尤其是对于人力资源部来说。传统金字塔组织的主要维度是"财"，"人"和其他资源都是围绕着"财"走的，也可以说传统的管理是"见物不见人"。而平台型组织的主要维度是"人"，"财"和其他资源是围绕着"人"走的，"人"不能被盘活，组织就不可能被盘活。

职能部门应该如何转型呢？人力资源部又应该如何转型呢？答案是，人力资源管理必须改变自己的职能属性，从"管理思维"转移到

"经营思维"。

什么是管理思维？管理是做计划、组织、领导、控制，是制定一定的目标，然后组织资源，再用领导来牵引，用控制来纠偏……所以，管理关注的是职能模块的几个动作有没有完成，这几个动作是可以推动企业走向最终绩效目标的。因此，在传统的企业管理中，各个职能模块都应该被分配一定的目标，对应相应的动作，这些目标支撑了企业的绩效。在工业经济时代，这种关联性很强，强到无法让人质疑。正是基于这种逻辑，在传统的价值链和金字塔组织中，各个职能模块各司其职，员工是不需要承担经营风险和责任的，只需要完成管理规定的工作即可。那么，传统里基于目标管理（management by objectives，MBO）和指标考核（key performance indicator，KPI）的绩效考核的模式自然可以达到要求。

什么是经营思维？经营就是把资源最大程度地变现为收益，具体来讲，就是把资源低价买进来，投入到附加价值的过程，变成产品或服务，再以高价卖出去。当然，说起来简单，但是一般来讲，很难通过单纯低买高卖的模式将单独的资源变现。所以，附加价值的过程就非常重要，企业需要把不同的资源组合到一起，形成终端产品（end product）或服务。但是，如何将资源注入了这里面大有学问，因为这个过程不是简单相加的。这就好比，五个全明星的篮球队员组成的阵容不一定能够获得高绩效一样。因此，在变异后的平台型组织中，并不需要你各司其职，不需要你完成规定动作，而是需要你交付经营结果。这时，传统的人力资源考核体系已不能衡量经营结果，而是需要引入新的考核体系来量化经营结果。

从功能上看，以前后勤属性的职能部门是"控制"，现在的职能部门则是"支持"。但请注意，这绝对不是要职能部门退到后台，而是要求我们去"玩活"平台的组织模式（甚至是商业模式），具体来讲就是"赋能"和"激励"，我们会有更加强大的威力。

人力资源经营要什么

在平台型组织中，经营成为主题，而人力资源管理成为撬动经营的最佳杠杆。这就是做人力资源经营的意义所在。那么，人力资源经营具体应该做哪方面的事情呢？

人力资源的挑选

人力资源的挑选意味着企业如何获得最优秀的人才。好用的人一个顶十个，不好用的人十个不如一个，还会浪费企业的资源成本和机会成本，甚至会产生人才不适用之后的重置成本。所以，企业千万不能降维使用人才，不行就是不行。这就给企业提出了挑战，企业的资源有限，如何能够获得最好的人才呢？在非线性逻辑的互联网时代，传统的素质模型更多的只能测出谁会失败，并不太能测出谁会成功，此时就需要打开新思路，用"开放"和"赛马不相马"的方式来获取最优秀的人才。一方面，这就意味着要建立"开放"的人力资源体系，不要求人才为你所有，但要求人才为你所用，这意味着会出现大量的在线员工（online employee）。另一方面，机制上也可以更灵活一点，用绩效来确定人才对价，俗称"赛马不相马"。具体来讲，股权（包括期权、业绩股、限制性股票、虚拟股权等）换人才的方式可以广泛存在。例如，海尔平台上孵化的小微家哇云，只有一个人（小微主）是海尔内部的，其他人全是行业内部过来的精英。他们投入的股权并不多，但换来的是有真才实料的人才。有的时候，人才还必须做出成绩才能拿到股权，这就是期股的操作模式。总之，企业要是用传统的模式去抢人才，基本上就是冷兵器的模式；把人看作经营的第一资源，自然会用各类经营的思维将人才导入，这是热兵器的模式。

人力资源的培养

人力资源的培养意味着企业如何为加入企业的原始人力资源附加更大的价值，把他们"盘活"，让他们具备更大的变现能力。HR 有两个方面需要关注：

第一，快速补齐人才的短板。人才有各个维度的特征，一般来说都不可能是十项全能。当他们作为创客开始参与企业经营时，很大程度上，他们的失败都是因为自己的短板。在这个方面，企业的 HR 应该快速扫描出人才的短板，提供定向的补给，先为系统漏洞打上补丁。

第二，全面发展人才经营能力。由于分工被打破，即使人才并不参与经营，也需要获得一种综合的能力。在这个方面，企业的 HR 应该基于经营场景的需求，定向搭建出人力资源孵化的长效机制。具体来讲，一方面是抓取一线最佳实践，萃取、编码（coding）出可以传播的显性知识；二是聚集若干包含隐性知识的培养资源，如能够实施带教的管理人员等。总之，要让人才能够接触到一流的显性知识和隐性知识，使其快速成长。

人力资源的风控和激励

一方面，要将经营风险下沉，让并联中的每个单元都背负经营业绩的指标，而且一定要做到过程中的控制。这里需要说明的是，并不要求在控制过程中的每个动作上，而是要在每个阶段中都把经营的结果显示出来，并设置相应的对赌机制。否则，企业就变成了纯粹的财务投资者，各个模块经营的成败完全取决于领头人的个人能力。

另一方面，要设置公平且具有吸引力的激励机制。当企业把各个职能模块变成经营体时，就相当于平台和创客都投入了资源，一同启动一个项目。这里，如何设计分成机制就成为关键，出资比例、占股比例、股份性质、支付优劣等都成为人力资源管理者需要面对的课题。而传统 HR 持有的薪酬模板，根本不能包容那些创客们共担风险、共享收益的"野心"。

2014 年，我与拉姆·查兰有一次交谈。他说过一句话，前半句是："人力资源管理者的未来会无限美好，前提是他们要做那些他们应该做的事情。"这句话让 HR 充满期望，但不要忘了他的后半句是："如果他们不做，有人会做。"

第二节
从财务业绩到人力效能

一直以来，企业内对 HR 的质疑很多，"不懂业务"无疑是最大的质疑。HR 似乎沉迷于自己工作的"专业性"，而忽略了自己工作的"指向性"。显然,选、用、育、留做得再专业,如果不能对于企业产生经营结果层面的影响,就不可能登堂入室,成为主角。

解读业务有诸多视角,但无论万般变化,老板眼中的业务就是"生意"。生意就是在供应、研发、生产、流通、零售等环节,通过附加专业价值,获得低买高卖的利润。但 HR 能为他们的生意带来多大的好处?能够在多大程度上影响生意的上述环节?这个问题在老板和 HR 的眼中,显然会有不同的答案。

无论如何,让我们回归两点以便开展讨论。第一,人力资源管理者最大的用户有且只有一个,那就是"老板";第二,人力资源管理者的使命有且只有一个,那就是"推动经营"。

会守不会攻

如果我们认可老板是 HR 最大的"用户",那么,HR 显然应该更懂经营。但遗憾的是,HR 更习惯于根据岗位的要求进行选、用、育、留。这种层次的运作显然与经营缺乏强联系,自然也难以影响到财报。

HR 习惯于"守"

一次课堂上,我强调人力资源效能的重要性,并认为人力资源效能应该是在解读财报的基础上,让财务数据和人发生联系形成关于"人的产出"的数据。但 HR 问:"穆老师,我们能够影响的财务数据不就仅仅是人工成本吗?"

在更早的一次咨询中,我辅导客户企业使用平衡计分卡进行指标分解，人力资源部难以分解出财务层面自己需要承接的指标，最后绞尽脑汁得出的结果居然是"本部门管理费用降低10%"。

在第一个场景中，如果老板也认可这个观点，那么HR从此就与企业的关键决策无关了，任何经营层面的决策HR几乎都无法参与。HR的作用真的只是如此？

在第二个场景中，我们能够深刻地感知到，这些HR对于自己能否影响财报不自信，甚至没有方向。如果我们继续讲完这个故事，你会知道老板在看到了这个目标（本部门管理费用降低10%）之后的表情。

如果人力资源部将自己关注的重心放在人工成本上，HR就成为配角，如果人力资源部将自己关注的重心放在本部门管理费用上，HR连配角都不是。HR的地位真的只是如此？

一本教科书上可能描述了最能让我们挽回面子的场景："老板们会在上马关键业务时征求HR的意见——我们的人力资源是否能够及时供给，以支持业务？"对话的结果一般也令人尴尬，即使HR提示了人才不足的风险，老板也会云淡风轻地说："人才不够，业务也得上呀，你们要加强人才队伍建设！"但这种对业务的"支持"，仅仅是把人力资源（管理）看作企业经营的附庸，HR头疼医头脚疼医脚，完全不能掌握工作节奏，成为一线业务部门的"跑腿人员"，留在二线成为"后勤团队"。

HR不太会"攻"

在传统的工具里，HR紧盯事业部、部门、团队、个人的职责，用

KPI来进行僵化的考核，而不管这些人力单位（组织模块）对于经营的实际贡献。现实中，绩效考核这个驱动业绩的最大杠杆形同虚设，大多数绩效指标与企业经营结果没有关系。在绩效考核时，"走走形式，平均打分"成为常态。根据穆胜事务所的调研，几十家样本企业的激励真实指数低到令人发指，仅为5%以下，完全不能发挥激励以驱动经营的作用。

"会守不会攻，到头一场空"几乎是老板对于传统HR一致的评价。他们认为，人力资源是必不可少的，但发挥不了太大作用。所以，一旦涉及企业经营层面的决策，HR是缺乏参与机会的。甚至，有人在人力资源总监（human resource director，HRD）的岗位上干得不错，还会被调到业务部门去，老板美其名曰："能力很强，干HRD可惜了！"

瞄准进攻的靶心

人力资源实践的风向在变。原来，业界普遍强调这个职能是为企业固本强基。现在，业界扛鼎者戴维·尤里奇教授也强调要从外而内（outside in）来评价HR的工作。对于HR主动进攻，推动经营，影响财报，似乎已经是应有之义了。

在此之前，HR似乎一直在刻意回避这个问题。不少研究者和实践者更主张做出一份类似财报的人力资源报表，来让老板对他们予以同样的重视。事实证明，这样的努力是徒劳的。老板关注的报表永远只有三张：资产负债表、利润表、现金流量表。

对于 HR 来说，影响财报是不是太有野心了？先别着急下结论，问一个问题：HR 懂财报吗？事实上，大多数 HR 以专业为由，放弃了对于财报的关注，转而喜欢磨炼自己曲高和寡的工具，最终导致自己远离业务，也不能理解老板眼中的"生意"。实际上，不仅是 HR 对于财报缺乏专业的理解，在为企业提供高管辅导服务时，我已经发觉高管层也普遍缺乏对于财报的理解。经常的情况是，研发副总心中的公司就是研发，关注的就是研发费用；营销副总心中的公司就是营销，关注的就是营销费用……大家并不知道这些自己头上的费用能够如何影响到报表的全局。

不能理解财报，就不能影响经营。我们可以再呈现几个场景。

在一个场景里，老板因为销售费用持续增加，但出货量无法同步增长而发愁。他想缩减销售费用，又担心进一步影响出货效率，所以，只有利用财务的抓手，进行全面预算管理，用更细碎的审核来管控销售费用支出。但是，财务管控得再细，也有空子可以钻，而且这种过于细碎的管控还延误了一线的战机。结果是大家都不满意。但是此时，HR 完全没有意识到，人是发生成本的中心，而是认为自己与销售费用无关。事实上，他们如果参考上年的销售费用占销售收入的比例，再进一步确定销售费用中销售团队的人工成本所占比例，就能够形成"正和博弈"的效果。销售团队要用钱，要发钱，很简单，它们的空间是自己挣出来的。在此基础上，如果把销售团队的人工成本中的工资性收入进行调整，进一步提高浮动部分的比例，并将这个部分与销售收入相联系，就能确保不养闲人，把每个人都调动起来挣出自己的工资。

在另一个场景里，某传统企业的 HRD 高度关注人力资源效能，把"人均营收""人均成本"和"劳动生产率"视为最大的目标，不断地要求老板停止人员扩张，但是老板增加的这部分人员是其在互联网领域布局的团队。老板干脆懒得搭理 HRD，道理很简单，互联网转型是大势所趋，营收一时拉不上去有什么关系，这种"利多消息"（企业转型互联网）在二级市场上形成的资产增值早就超过了当期的成本支出。在这个场景里，HR 在经营层面思考（其实，这种思路已经不错了），关注营收、成本和利润，老板则在资本层面思考，关注资产、负债和所有者权益。HR 看不懂资本市场的变化，把老板视为"疯子"，老板则认为 HR 眼界太窄，懒得解释，两人完全不是在同一个维度上对话。

在我的人力资源课程上，有一个经典练习是让 HR 们画出案例企业的人力资源战略地图。但有意思的是，HR 都喜欢从"自己要干什么"出发，而非从"需要产出什么影响"出发。这反映了一个很重要的问题：HR 长期迷恋工具，可能忽略了实效，手中是锤子，看一切都是钉子。这显然不是互联网时代的"用户中心主义"，老板作为 HR 最大的用户有可能被忽略了。

当然，再次阐明：并不是说选、用、育、留这些功能不重要了，而是说选、用、育、留的基本动作只是手段，影响财报才是目的。

进攻的杠杆解

过去的工业经济时代，人从来不是最主要的生产要素，人是附着在技术、资金、土地、社会资本等生产要素上发挥作用的。而当下的互联网时代是人力资源作为重器的时代，人是所有资源运行的中心，盘活了人，就盘活了企业所有的资源，这是 HR 影响到财报的底气所在。

人力资源经营最大的支点是人力资源效能（HR efficiency），简称人效[⊖]。什么是人效？简单来讲，就是人力资源这门生意的投入产出比。具体来讲，就是将经营贡献（财务绩效或与之密切相关的市场绩效）与公司、事业部、部门、团队、个体等不同层面的人力单位相联系，计算出不同人力的投入是否产出了相应的效果。更简单地说，财务结果除以人力单位，就是我们所谓的"人力资源效能指标"。

为什么人效是人力资源和经营的支点呢？

第一，如果我们不否认人力资源管理的最终目的是产生组织能力，那么人效就是企业组织能力的最佳代言。我曾经举过一个黑箱模型的例子（见图 2-1）。企业好比一个装有组织能力的黑箱，一边投入资源，另一边产出绩效。由于组织能力很难测量，我们只能通过一个机制来验证。组织能力强，黑箱成为放大器，小资源投入带来大回报；组织能力弱，黑箱成为衰减器，大资源投入带来小回报。资源的投入产出比就说明了企业的组织能力，如果我们将人力资源视为最重要的资源，那么人力资源效能就是企业组织能力的最佳代言。

⊖ 另外还有几个和人力资源效能相关的概念。一是人力资源有效性（HR effectiveness），是指人力资源管理达成目标的程度；二是人力资源绩效（HR performance），是指人力资源管理为企业带来的价值；三是人力资源结果（HR results），是指人力资源管理为企业及利益相关者（如股东、社区等）带来的全部好处。其中，人力资源有效性最容易让人将其和人力资源效能相混淆，不少文章或书籍在翻译上也大量混用了两个概念，应该引起注意。

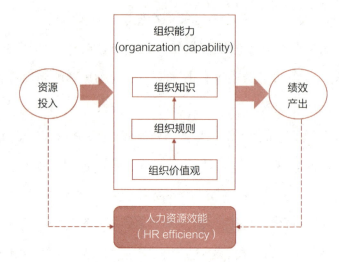

图 2-1　组织能力黑箱模型

资料来源：穆胜企业管理咨询事务所。

第二，从平衡计分卡的逻辑来看，高效的组织管理（由人力资源职能支撑）支撑了高效的流程，形成了市场的结果，决定了财务的结果。 所以，当我们将人力资源与市场和财务维度的绩效相联系时，我们诉说的就是一个"持续经营"的逻辑。毫无疑问，人效指标是超前指标，而财务指标是滞后指标。当期的人效指标，很大程度上决定了一段经营周期内的财务指标。

人效真的如此重要？一些企业家对于人效的执着可能会对我们有所启示。

在华为飞速狂奔的过程中，任正非一直强调"两流一效"，即高收入流、高现金流、高人效（人力资源效能）。所以，在某段时间，即使华为的经营数据超过了爱立信，但人效不高，他依然不满。

海尔更进一步，张瑞敏早就自己定义了两类评价战略损益的工具——顾客价值表和共赢增值表,并通过二维点阵将战略损益下沉到每个小微(类似经营体的高度自治的组织),其实,他关注的是小微的"团队效能"(人效的一种表现形式)。

就连高速成长的互联网企业也在死抠人效。淘宝初创期,马云定下了人效(人均交易额)要达到 10 万美元;后来的淘宝时代,马云将这个人效目标定到了 1 亿元;到了支付宝的阶段,马云要求人效达到 5 亿元。这样高企的人效要求,让当时的公司都不敢轻易加人,因为,每加一个人都会增加上亿的交易额。

另一个例子是美团。2011 年 8 月,美团网是 2500 人左右,截至 2013 年 3 月,人数是 2700 人左右,一年多的时间里居然仅仅增加了 200 人。2011 年,窝窝团和拉手网的员工数量一度攀升至 5000 多人。结果,美团赢得了千团局,成为现在的行业霸主。

甄选关键人效指标

使用如下的矩阵可以全面衡量人力资源效能(见图 2-2)。

人力资源的投入主要用人工成本(labor cost)和人员编制(head count)两个口径来衡量,而人力资源的产出主要用业务指标(task volume)和财务指标(financial results)来衡量。由此,按照"产出/投入"的方式,我们可以导出若干人效指标。例如,在财务指标中选择"营业收入"除以"人工成本",就得出了"人工成本投入产出比"的指标。再如,在财务指标中选择"利润"除以"人工成本",就得出了"人工成本报酬率"的指标。

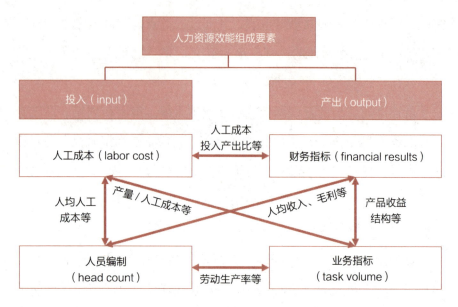

图 2-2 人力资源效能矩阵

资料来源：穆胜企业管理咨询事务所。

HR 从纷繁复杂的人效指标中选出最适合本公司的指标，需要强大的"功力"。具体来说，要将企业的"生意逻辑"透过"业务逻辑"分解到"人力单位"。

首先要理解生意逻辑。企业的生意究竟是基于研发优势、供应链优势、生产优势、市场优势，还是品牌优势？它们面临的市场力量不同，边界也不同，关注的财务指标自然也不一样。在研发、市场、品牌上有优势的企业关注毛利润，而在供应链和生产上具有优势的企业关键在于上量，它们更关注营业收入出货量。企业的生意究竟是主打低成本，还是主打差异化？前者是高周转、低毛利，关注周转率；后者是低周转、高毛利，关注毛利率。企业的发展阶段是处于产业的初生期、成长期、成熟期还是衰退期？初生期和成长期关注营业收入，需要扩大规模、占地盘；成熟期关注毛利润，因为市场格局已经形成，要回归理性；衰退期关注净利润，因为企业已经调整好姿态要战略性退出了，必须精打细算。类似的逻辑还有很多，例如，从不同的客群、营销方式来分析企业关注的财务指标。

这里面，已经不仅仅是要了解市场营销的问题，还要了解战略管理、生产管理、研发管理、供应链管理等，因为生意是多维的。当然，财务人员靠近市场，在这方面可能更具有优势。

其次要理解业务逻辑。理解业务逻辑，即关注企业各大职能如何组合到一起，实现商业结果的问题。企业究竟是基于流程的，还是基于分工的？前者需要强大的流程管理工具来实现协同，主要关注节点是否按下一环节需要的交付标准完成工作，而后者需要清晰的横向分工和纵向授权来实现协同，主要关注岗位是否按照职责完成工作。有的企业在流程管理的基础上进行内部结算，这就需要细分每个环节的贡献，HR 就要深究每个环节的成本发生和价值创造；有的企业直接以用户和产品为单位将不同职能并联到一起，这就需要一手进行分配计量（测算每个职能模块的分配比例），一手进行投后管理（即由于并联之后充分授权，需要监控节点的经营状况）。

这里面是一套复杂的逻辑，只有"多面手"才能驾驭。这类多面手一要了解业务，二要了解组织，三要了解价值衡量（考核）。就一门生意来说，如何为其构建业务系统，简单来讲，至少要能说清楚这个业务系统要分几个部门。当然，HR 靠近组织，在这方面可能具备天然优势。

最后要理解效能逻辑。当我们把"生意"需要关注的"财务指标"下沉到"业务"需要关注的"人力单位"，一个个人效指标就形成了，而这就是推动经营的引擎。有时，生意逻辑和业务逻辑都是通的，但一旦进入效能逻辑就会出现矛盾，即人力单位无法对财务数据负责，这个人效指标就不成立。此时，就需要倒回去寻找替代的财务指标或人力单位，重新构建人效指标。

人力资源效能要什么？

在懂得经营的 HR 眼中，员工产出价值的维度是不一样的，产出价值的节奏是不一样的，产出价值的模式（协作、合伙、流程链接）也是不一样的，通过施加对员工的影响，可以用人力资源管理这个"杠杆"撬动整个业务。而在不懂经营的人眼中，员工永远都是在固定的岗位上拿工资干活，所以，永远是按部就班的选、用、育、留。

其实，要盘活人，就不应该把他们限制在金字塔组织内的部门和岗位的框框里。

一是调整组织构架（organization architecture）。在这个时代，搭建人力资源管理体系的起点不应该再是"岗位"（当前教科书的观点是以"岗位"为起点），而应该放到组织构架的层面，包括商业模式、业务流程、组织结构、岗位系统四个层面。但现实情况是，对于商业模式、业务流程、组织结构，HR 更多的是接受老板和业务部门的"输出成果"。在有必要的情况下，HR 会下发文件（组织结构）；在没必要的情况下，HR 就负责收文件（商业模式或业务流程），还没有办法联系到自己的工作上，久而久之，就更加远离业务了。

但事实上，HR 在每个层面上都能够施加影响，通过组织再造、流程再造、排班优化等效能武器，HR能够参与以上几个维度组织构架的塑造。当然了，为了获得人效结果，最佳的组织构架就是平台型组织。平台型组织打造出共享的中后台和完全市场化的前台，让每个人发挥出最大的潜能，其人效显然是其他组织构架无法比拟的。

二是为组织构架提供解决方案（solution）。如果拓展到组织构架的层面发起人力资源管理，HR的武器就不应该仅仅是孤立的选、用、育、留，而是应该将零散的武器整合为解决方案，甚至纳入诸多的创新举措，以便实现端到端的交付。这些工作可能是超常规的、创意性的、极度定制化的，它们充满挑战，但也为HR带来了新的机会。

例如，考虑平台型组织构架的前提，其激励机制就绝对不能是传统的"岗位工资＋绩效工资＋奖金＋津贴福利"，而一定要基于组织内的经营单元足够市场化进行制定。市场结算的激励一旦出现，又会导致员工产生强烈的经营动机，导致他们强烈呼唤组织赋能。此时，又需要人力资源部门提供人才培养上的解决方案。这些需求完全是基于组织层面的动态变迁而出现的，而好的解决方案又必然产生高人效。

当前，一些企业的HR把人力资源管理的边界拓展得让人眼花缭乱，本质上，正是由于他们发现，要达到对于效能的影响，必须找到更多的工具。甚至，海尔这样的企业已经意识到，单独的HR群体对于财报的影响有限，只能通过"职能团队"的模式形成解决方案式的影响。所以，他们把人力、财务、战略、法务、IT放到了一个被称为"三自"的部门，由他们以业务伙伴的形式深入小微（类似BU），提供更大范畴的解决方案（不止在人力资源领域），发挥对于经营结果的影响。

第三节

从人力效能到人力资本

互联网时代,"人"作为一种生产要素,人效就是人力资源经营的支点。

诚然,HR 可以升级选、用、育、留的传统武器,从"组织构架"和"解决方案"的角度去影响组织,获得人效。但这类影响依然是一个相对模糊的方向,而非精密的"输入—输出"。如何让这类影响可控?如何锁定人效结果?可能是这个时代 HR 最关心的结果。

要想获得高人效,人力资源管理职能需要转型为企业内的"人力资本风险投资机构",将人力作为资本运营,并在可控的人效下产生经营结果。而这有可能是老板眼中的"完美方案",更可能是 HR 的"傍身利器"。

人力资源资本化

美国经济学家舒尔茨和贝克尔创立的人力资本理论,更多的是在宏观层面说明了人力资源具有的经济价值,对于如何在微观层面通过人力资源管理手段形成人力资本却语焉不详。

事实上,如果进入微观层面,我们有必要重新定义一下人力资源、人力资产、人力资本这三个概念(见图 2-3)。

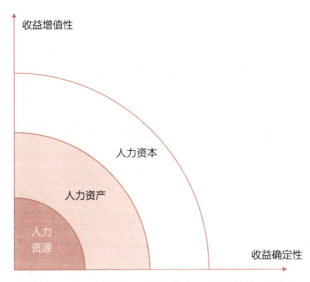

图 2-3　人力资源、人力资产、人力资本对比图

资料来源：穆胜企业管理咨询事务所。

人力资源

"资源"（resource）是企业掌握的一切有形和无形的功能要素。换句话说，只要有用，就是资源。就人力资源来说，只能确认其有用，但不能确认其能产生多大的经济效益。这正是当前人力资源业界面临的尴尬，选、用、育、留只能被模糊地认为有用，因为这样的方式维护了人力资源职能。

人力资产

"资产"（asset）是相对资源更加狭窄的概念，指企业控制的可以产生经济效益的资源。其特点是"增值性"，这种资源因为其功能的存在，可以带来一定的经济收益。将人力资源过渡为人力资产，主要是通过提升人力资源的准备度（readiness）来实现的，当我们针对企业需要的人力资源缺口做定向补给时，几乎可以肯定的是，这类人力资源是可以产生经济效益的。这种人力资源管理模式正是我们口中的"战略性人力资源管理"。但这种模式依然是模糊的，经济效益的产出并没有被锁定。

人力资本

"资本"（capital）是相对资产更加狭窄的概念，是指投资人往公司里（项目里）投入的资源，而投入的形式可能是获得公司的股份，成为股东，或者是获得公司的债权，成为债权人。人力资源的特殊性在于，其拥有者天然是员工自己而非企业（即使企业雇用了员工），企业不可能充当人力资源投入项目后的股东，这类股东应该是员工自己。所以，企业要将人力资产过渡为人力资本，需要将（属于员工的）人力资源和（属于企业的）其他资源共同投入项目里，然后，要么是企业与员工共同作为项目的"股东"，要么是因为给予了员工资源并获得明确的交付承诺⊖，而成为"债权人"。只有这样，企业与员工才是共同劣后的，企业才能锁定一个可预期的回报。

人力资本与人力资产的区别是，少了那些没有进入项目的人力资产。这类人力资产大量存在于企业的后台职能部门（费用中心），

⊖ 有点类似基于目标达成的奖金包，但不同之处在于，这种激励方式可能是双向的，达成之后有奖励，没有达成会形成员工的损失。

尽管也是企业经营所必需的，由于没有进入项目内，输出的收益并不明确。㊀

再论 HR 的攻与守

如果将人力资源管理活动看作一种投资行为，那么人力资源效能（投入产出比）就是衡量这项工作优劣的标准。HR 有两种选择：一是提高产出；二是降低投入。

传统 HR 的工作模式决定了他们更擅长防守（降低投入），而非进攻（提升产出）。

在传统工具中，绩效管理是最直接的进攻工具，最能够将人力资源资本化，但这个工具往往天然羸弱，现实中的考核工具在区分员工业绩上并没有那么理想，大多数无法发挥激励作用以驱动业绩的提升。由于无法区分人力资源产生的价值，企业难以与员工建立"股权"或"债权"的关系，这个方向上的人力资源资本化实际上是失败的。除此之外，招聘、培训、调配等工具尽管可以固本强基，但对于企业业绩的作用相对间接。也就是说，这些工作产生了大量的人力资源，甚至

㊀ 其实，从财务角度来看，企业的资产中有一部分是投资人投入的"股"（equity，权益）和"债"（debt，负债），而另一部分则是经营性负债（other liability，其他债务）。例如给供应商的应付款，相当于通过供应商借款的方式进行了"融资"，只不过，这种融资不需要付息而已。"股"和"债"都是能够明确预期收益的，尽管这些收益存在不确定性（风险），这样的状态就是实现了"资本化"；相比起来，经营性负债这类不能明确预期收益的资产，并未实现"资本化"，尽管企业也离不开它们。我的意思是，存在于后台职能部门的人力资产就是这类不能产生预期收益的"经营性负债"，名义上，这类人力资产归企业所有，实际上则天然属于员工。

产生了大量的人力资产，但无法将这些成果转化为人力资本。

由于 HR 无法通过传统工具来更提升企业的产出，剩下的选择自然是防守，即降低人工成本和人数上的投入。于是 HR 成为企业内部最容易被抱怨的一群人，业务部门埋怨他们把持资源、不接地气，用"守财奴"一样的方式处理业务部门对于人员和人工成本的需求。

如果我们站在风险投资的角度来思考问题，一个风险投资机构居然在几年里没有投出一个项目，表面上是维护了资金安全，实则碌碌无为。⊖ 这就好比 HR 即使面临老板要求他们推动经营的诉求，仍然固守选、用、育、留。他们的职能活动产生了大量的人力资源，如果足够精准，还能产生大量的人力资产。但这些人力资产全部趴在公司的账户上，并没有进入项目内实现资本化。⊖

在人力资源管理上，真正的进攻模式应该是典型的"风投模式"。HR 成为积极的投资机构，通过盘活人力资源和其他资源，将各类资源注入经过筛选的优质项目里实现资本化，并通过激励和赋能确保企业的平台收益最大化。具体来讲，HR 要做好投资评估和投后管理两类工作，前者是筛选项目并给出"激励条款"，后者则是在前序"激励条款"的框架下进行项目监控和增值服务。

再进一步看，互联网时代的 HR 的主要任务有三类：第一，搭建有效的平台型组织结构，让足够多的业务能够以项目（也被叫作小微、

⊖ 你还可以想象，实在逼急了，这类投资机构就将投资者委托的资金全部购买了最安全的国债。但只要是个头脑清醒的人都知道，国债是最安全的投资，那么，这个风险投资机构的专业性在哪里呢？

⊖ 事实上，人力资源和人力资产只是一种"牌面优势"，并不一定产生必然的回报。从某种程度上讲，即使操作到产生人力资产的程度，更多的也是希望这些人力资产在公司的大盘子内"躺赢"，这只是购买国债一样的投资水平。

经营体、模拟公司等）为单位进行经营损益的核算；第二，设计平台型组织的激励模式，理想状态是"让人人都是自己的CEO"；第三，设计平台型组织的赋能模式，这需要从一线快速抓取最佳实践，快速编码为知识，并快速地进行传播，让个人与项目实现快速成长。

核心人才资本化

如果将HR代入风投的角色，那么我们会用一种更加简单的资本思维，来重组传统的选、用、育、留的各个环节。

第一个投资阶段是"金钱→人才"，即如何用最划算（而非最少）的钱找到最好的核心人才。为什么这里是核心人才呢？因为人力资源资本化必须基于项目，而核心人才是项目的建队基石。反过来说，周边人才由于作用有限，无法对项目产出负责，在招聘之初是无法资本化的。

大量企业的HR在招聘核心人才时，都喜欢向老板要大预算，号称"高人"一定是"高价"。但这面临着一个尴尬局面，当下的互联网时代，商业泡沫扭曲了人力资源的供需关系，人才价格存在大量泡沫，大量所谓高价人才并非"高人"。2013～2015年，互联网如火如荼，大量所谓高级人才依靠互联网从业背景，一跳槽薪酬就能翻两三倍，但相当一部分最终在新的平台上碌碌无为，让不少企业直呼上当。从表面上看，这是时代布局的陷阱，躲不开。但实际上，这反过来证实了HR在人力资本投资上的粗放。

互联网的商业环境变化莫测，对于人才的素质模型不断地提出新要求，而企业的素质模型显然无法同步迭代并筛选出真正的人才。此时，要锁定人才的产出（主要是高价的高端人才），就好比投资项目一样，必须有相应的"激励条款"，让人才与企业共同创造、共担风险、共享收益。这些条款集中体现为各种形式的股权激励，如实股、期权、业绩股、受限制股、虚拟分红股等。这种激励条款在当今被广泛应用（尤其是互联网企业），企业更愿意用股权或期权的形式来支付核心员工的部分薪酬，而员工只有在企业取得一定业绩时，才能获得这部分权益的套现。对于大多数企业来讲，节约当期支付的人工成本倒是其次，更多的是希望员工能够与自己共同进退。

从传统意义上讲，这些不同形式的股权大多是公司股份，但如果要更精细地锁定人才的产出，还应该核算到项目。所以，基于项目的对赌模式成为一种强有力的激励条款，这避免了人才进入企业之后"搭便车"。具体来讲，大多数时候是员工用对赌投入换取的"项目虚拟分红股"，如果业绩目标达成，不仅是对赌投入全额返还（甚至还有溢价），员工还能分享一定基线之上的"超额利润"。反之，则对赌投入被罚没。其中，对赌代表企业拥有对于员工的"债权"，超利分享则代表企业和员工"共同持股"。这种设计往往是 HR 的痛点，由于对业务的了解不够清晰，如何基于项目划分出"赛道"再配置相应的激励是一个巨大的挑战。但这一关必须要过，因为只有基于对业务前景的理解，才能给出最科学的激励条款，才能从茫茫人海中找出真正有创客精神并对自己能力极其自信的"高人"。

有的企业家认为，对于核心人才来说，他们可能并不接受所谓的资本化，他们会认为那些激励条款过于苛刻了。但这也是个伪命题，从投资的角度来看，这种激励条款虽然增加了不确定性，但也提高了杠杆率（带来了更大的收入可能）。对于核心人才来说，从生意的角度来看肯定是划算的。海尔的张瑞敏在谈到"人单合一"模式可能对人才带来的"不安全感"时，回答得简单明了："那这种人就不是人才，如果是人才，为什么不能在市场上证明自己呢？如果他有才能，但不愿意去证明自己，我们怎么知道他是人才呢？"

其实，当我们向员工释放这种制度，他们的积极程度可能远远超过我们的想象。2018年，我为房地产经纪人平台房多多设计的城市公司跟投制度里，每位城市经理及其核心团队可以按几个档次投入现金等实际利益与公司对赌，换取一个相应档次的超额利润分享比例。结果，大多数的参与者均选择了中等以上的对赌档次，半年的时间里，公司的营业收入和利润都取得了快速增长，就连以前最疲软的城市，公司业绩也增长迅猛。若干的城市公司经理用几十万元的投入换取了几百万元的收益，与公司一起实现了双赢。事实上，这样的激励机制已经成为若干前沿企业共同的选择，海尔、万科都是较早的成功实践者。

当然，部分企业的模式可能是"隐性的对赌"。以腾讯和网易的游戏板块为例，进入项目组的员工仅有13～14个月固定薪酬的保障，更多的收益则必须在项目的利润中进行分享。看似没有对赌投入，但对于游戏行业来说，13～14个月的固定薪酬显然是远远低于员工预期收入的（主要收入一般应该来自项目利润分享），他们实际上是在投入自己可以在其他二流企业套现的固定薪酬，来换取了一个利润分享的资格。

周边人才与资源资本化

第二个投资阶段是"人才→项目收益",即如何将最合适的人才配置到相应项目,使他们在项目里形成最大的产出。这种人才的配置分两层:项目负责人的配置和周边人才的配置。对于前者,通过前面的激励条款已经可以形成高效配置,道理很简单,对自己有信心的人才能接受对赌,进入相应的项目。从这个制度开始,项目负责人实际上就是天然的"劣后者",是项目配置一切资源的基础。解决了这个问题之后,剩下的问题就在于,如何把其余人才高效地注入项目当中。

在现实的场景中,每个业务的负责人都会要求最好的人才,即使最不重要的业务模块,也会在业务负责人的描述之下显得与企业生死攸关。而 HR 如何去甄别?只有把人才都人力资本化,核算为货币符号,才能核算投入产出比,才能计量他们进入某个项目后是否划算。也就是说,企业必须形成人才的定价机制,不同的人才进入项目会花费多少人工成本,需要占据多少超利分享空间,这些都需要明确。

显然,周边人才并非基于项目被招聘进企业,无法在一开始就获得激励条款。他们必须在进入企业的平台后,才能被配置到相应的项目里,获得企业第二次出价的激励条款。当然,这一条款必须在最初招聘时约定的范畴内进行细化,除非人才自愿,否则不能打破最初定好的游戏规则。

在此时的项目中,无论是企业对于周边人才的现金薪酬的投入还是项目股权的投入,都能够资本化衡量。在此基础上,由于这种投入产出比和损益与项目负责人的激励获得是天然联动的,项目负责人自然会做出对自己最有利的选择，甚至主动去推动项目内人力资源的资本化，确保这种激励机制执行到底。举例来说，在一个没有太大产出希望的项目里，项目负责人绝对不会无限索要最优秀的周边人才，因为这样会发生周边人才的人工成本，也需要为其配置利润分享，必然大量蚕食项目的利润。

这种制度设置前后的区别相当明显。以穆胜事务所辅导的几个转型平台型组织的企业为例，在项目独立核算初期，项目负责人均会提到团队人员不足，并且索要企业内的精兵强将。而一旦我们告知这类人员的人工成本将计入项目成本，或当我们将人力资源效能指标（如人均营业收入、人均利润或人工成本投入产出比）设置为惩罚红线后，项目负责人又会不约而同地撤回用人申请，提出要"内挖潜力"。有时，当不得不使用某个人才时，项目负责人还会提出企业作为平台方来建设公共人才池，而自己的项目按使用时间或次数付费，或者按照人才交付的效果付费。这里，项目负责人在考虑投入产出比的基础上，主动进行了人力资源的资本化，构建了一种基于交易的债权关系。

第三个投资阶段是"资源→项目收益"，即如何将各类资源盘活，注入项目当中，使他们在项目里形成最大的产出。在大量的企业中，资源被固化在一个不能流动的空间内，并不能被所需要的项目随需调用。有时，这类资源的边际成本甚至为零，但项目依然无法共享。

对于各类资源，HR 也应该推动其实现资本化，而且越是边际成本为零的公共资源，就越应该推动其无限复用。例如，海尔就将自己的品牌资源注入若干的小微团队当中，助推其发展，如纯净水供应、家居物流解决方案、清算中心等非相关多元化领域。若不通过这类形式盘活资源，这些资源就必然变成公共地，产生经济学上所谓"公共地的悲哀"，导致企业整体的效能低下。

具体来说，就是将这些资源打上标签并进行定价，依靠内部的市场机制进行配置。这类资源与人力资本的相同之处在于：一方面，这类资源的定价会让项目负责人对其进行理性选择，而不会强行对项目进行"超配"；另一方面，这类资源注入项目，也会换算为企业在项目里的"股权"或对于项目团队交付物的"债权"，成为企业回报的来源。

重塑员工薪酬模式

人力资源资本化的关键在于为员工划分不同的赛道（项目），让他们的贡献能够显化，并将其收益与贡献进行强关联。一方面，为了让员工与企业之间建立基于项目的"股权"和"债权"关系，我们需要对于传统的薪酬结构进行重塑；另一方面，项目的产出是动态变化的，为了让项目的损益与员工的收益进行强关联，我们需要建立一套薪酬释放的准则。

薪酬结构

直观来讲，我们需要减少员工过去固定薪酬的一部分，将其换取一个作为合伙人的分成比例。形象一点来讲，就相当于员工在上梁山之前做了一个"投名状"，换取了成为梁山合伙人的资格。

具体来讲，平台型组织的激励机制会把薪酬模板分成三个部分（见图 2-4）。

◎ 基本薪酬：实际上是劳动法限制范畴内最低工资的给予。这种钱必须发给员工，才能保证劳动关系符合法规，并且能保证员工在当地的基本生活水平。这就是典型的雇用关系，即企业给员工兜底。

◎ 对赌薪酬：员工拿了自己应发工资的一个比例出来与企业对赌，达到对赌业绩点，这个部分就返还给员工，甚至还略有"溢价"，但如果没有达到对赌业绩点，这个部分就被完全罚没。这就是典型的外包关系（outsourcing），你做事，我给钱，做好了给，没做好不给。需要说明的是，基本薪酬和对赌薪酬加起来就是传统薪酬结构中所谓的"应发工资"。

◎ 超利分享：员工因为参与了对赌，所以有资格参与企业超额利润（不是绝对利润）的分享。这个部分的薪酬是上不封顶的，分享的额度来自用户价值的实现。共同投入，共担风险，共享收益，这就是典型的合伙关系（partnership）。

图 2-4　平台型组织的三段式薪酬结构

资料来源：穆胜企业管理咨询事务所。

动态准则

不仅是在静态层面要有新的薪酬模板，在动态上也要实现每个时间节点上的"三预一致"。所谓"三预"是指预算、预案、预酬。所谓

"一致"是指，只有在预案达成的情况下，企业才可以下放预算额度，也就是让这个团队决定它可以"用多少钱"；基于这个基础，才可以下放预酬额度，也就是让这个团队决定它可以"提多少钱发给自己"。

要实现"三预一致"，最大的阻力可能在于"预案"。在大多数的企业里，项目在上马之前通常只有一个粗略的"财务数据目标"，对于如何达成这个目标却语焉不详。但如果没有"预案"，不知道项目的每一步应该走到哪里，企业又如何对项目进行风险控制和激励？我辅导的一个企业，老板在相关多元化的领域进行了诸多投资，但项目无一成功。每个项目的负责人都告诉他，项目正在投资期，未来会回报喜人，一次又一次地找他增加投资。最初，基于对赛道的相信，他丝毫没有怀疑，对于项目插手也不多，但多次投入不见效果之后，他开始质疑项目究竟能否成功。一旦与项目负责人讨论项目，他却发现，这些项目连一个像样的商业计划书都拿不出来，讨论根本无从进行。所以，完整的预案要求项目必须有明确的目标以及如何达成目标的详细计划。

这里面又有一个容易唬人的"伪命题"。在互联网思维如火如荼的时候，有很多人说现在市场变化很快，计划没有变化快，就不应该做计划了，做了计划就算不上互联网思维。这是个最大的谎言，其实，就算做互联网创业也得有商业计划书（business plan，BP）吧？即便是做了商业计划书的，创业不成功的也在 95% 以上。如果创业者仔细思考自己的商业逻辑依然不能把事情做成，难道我们应该相信他们不做任何计划，"脚踩西瓜皮，滑到哪里算哪里"，就能把事情做成？好的计划都可以包容变化，都是有容错性的。如果计划脱离实际，本质上是因为他们没有在目标、策略、路径、资源配置等方面想清楚。在这样的情况下，企业还敢把预算划拨给他们吗？

HR 的攻守真谛

在论述完人力资本化的逻辑后，我们有必要澄清一下经营中的"攻守逻辑"。事实上，如果将防守单纯地理解为减少投入，那么我们就将其与进攻天然地对立起来了，让 HR 陷入了天然的两难之中。HR 正是这一理念的受害者。

一个例子可以区分两种思维：如果一线业务部门找后台职能部门（人力、财务等）要资源，职能部门会怎么说？一般会说"不给，凭什么给？"再想象一下，如果一线业务部门找老板要资源，老板会怎么说？一般会说"好呀，你能给我带来什么回报？"前者是"预算思维"（也可以称为"管控思维"），后者是"生意思维"（也可以称为"效能思维"）。

无能的 HR 才会采用消极的"效能思维"，他们通过减少投入的方式来"龟缩防守"，以便获得账面上更高的人效。但这种"效能思维"实际上是个华丽的幌子，其本质就是一种陈旧的"预算思维"。HR 纠结的是，一旦开始进攻，越大的经营盘子和越多的项目，就意味着越大的风险。如此一来，不仅不敢说要保证企业的收益规模（进攻无效），更有可能都无法确保效能的底线（防守无效）。这才是 HR 固守传统选、用、育、留模式的根本原因。

我们需要一种积极的防守姿态，还不能因为防守放弃了进攻。

不妨听一个财务领域的故事。阿里巴巴的 CFO 蔡崇信认为，CFO 的重要职能就是要进行风险管控，而他认为的风险管控并不是简单地踩刹车，而是"帮助 CEO 下决心，拿着大筹码去下注未来"，以及"调配资源，来布局未来"。在投资的规律中，风险总是和收益呈反比的，如果总是鼓励老板打保险牌，这个 CFO 就没有太大的价值。虽然投入产出比足够亮眼，但因为投入太小而失去了"大机会"，有可能输掉企业的未来。所以，面对这些机会，CFO 应该帮助老板算清楚可能的投入产出比（即效能），并在此基础上让老板抓大放小，帮助老板调配资源。

通俗一点来讲，一个懂得"恐惧"的 CFO 能帮助企业"活下去"，这是防守；一个懂得"贪婪"的 CFO 能帮助企业"活得好"，这是进攻。

这样的原理当然可以用在 HR 身上：一般的 HR 是帮助企业控制编制和人工成本。但高级的 HR 应该在识别人力资本投资风险的基础上，衡量投入产出比，疯狂"进攻"，尽一切可能让企业获得投资回报。具体来说，应该是尽量获取一切有价值的人力资源，并将其注入各类项目实现资本化，做大企业的"赢面"。

总体来看，HR 的进攻与防守需要被重新定义，我们应该恪守以下两条底线。

第一，防守的底线，即"人效"。这意味着要控制"投入产出比"，确保企业在这个领域的投资是划算的。此时，效能标准成为激励红线，企业在这个标准之上定制激励条款，让能把事情做成的人（核心人才或周边人才）与企业共同劣后。

第二，进攻的底线，即"规模"。这意味要推高"孵化量"，确保更多的项目从企业的平台上冒出来。这意味着要在效能合理的前提下聚集越来越多的创客和资源，并通过机制设计让两者自动形成越来越多的项目，在企业重要布局的战略领域脱颖而出，让企业捕获时代的大机会。

当然，传统 HR 的"进攻乏力"，可能恰恰会造就新兴 HR 的"广阔空间"。在这种定位中，新兴 HR 洞悉生意、盘点人力、进行资本运作……无疑站到了食物链的顶端。这也许就是 HR 下一个代际的最佳定位，但前提是，我们首先必须破除心里的"魔障"——自己仅仅是个 HR。

INSPIRE POTENTIAL

TOP-LEVEL DESIGN OF THE
HUMAN RESOURCE IN PLATFORM-BASED
ORGANIZATION

第三章

赋能：孵化人力资源

第三章 赋能：孵化人力资源

在平台型组织的新组织结构下，还必须配合赋能机制，否则，员工仅仅有责任和权力但缺乏能力，就会出现"卸责"的现象，这是另一种转型过程中的悲哀。

平台型组织对于人才必然有更高的要求，于是，这类企业都在呼唤内部"创客"。在企业家的眼中，创客不仅具有追逐事业的强大内驱力，还拥有单枪匹马整合资源、应对市场的强大能力。一位企业家无比迫切地问我："穆老师，能不能帮我打造一个创客培养体系？"我笑了，回答道："针对创客这类人才，没有培养体系，只有折腾体系。"道理再简单不过了，野生动物是培养不出来的，同理，只有市场的战火才能锻造出创客。

拒绝这种需求的另一个原因是，一些企业家把管理问题想得过于简单，把一切的成败都归结于"人才"。这种说法实际上是"正确的废话"，好像说一个人饿死了是因为没有吃东西。我当然不主张往这个方向上引导企业家，收"智商税"。事实上，组织转型的道路上重重关隘，但"组织结构"和"激励机制"显然是应该先重构的。㊀

当然，真正转型为平台型组织的企业推动赋能机制的形成是必要动作，而它们可能需要对这个传统领域进行重新思考。初期的平台型

㊀ 尽管我一再警告，但不少企业家还是愿意先关注人才培养。这种行为也很好理解，要在"组织结构"和"激励机制"这两个方面动刀，太难了。与其如此，在人才培养上投入，显然是一种更低风险的选择。结果，这个如意算盘又落空了，当组织和激励没有改变，企业根本想象不出来平台型组织的工作场景，所有的培养工作都是脚踩西瓜皮，滑到哪里算哪里，极有可能是"沉没成本"。

组织需要一种小投入、大回报、快速出成的**人才孵化器**，这来源于 HR 的精心设计；然后，平台型组织进入高速成长阶段，对于人才的要求会指数级增加，此时，人才孵化器应该进化为**人才生态**，形成人才自动涌现的状态。而在这两个阶段的进程中，最底层的动力始终是组织知识的构建。要打造强大的赋能机制，企业可能需要重新思考知识管理的战略意义。从这个意义上说，组织内部散落在各个员工身上的知识，才是更加隐性的潜能。有的企业直到破产，依然没有意识到自己其实坐在"金山"上。

第一节
重构人才孵化器

人才管理的历史可以追溯到 1997 年，当时，麦肯锡公司在《人才战争研究》中首次提出了"人才管理"（talent management）的概念。这种主张将人看作有个性的人才，而不是共性意义上的人力资本，应该是管理潮流上的一个进步。既然人是有个性的，那么人才的培养方式就应该更加精细。与此同时，由于人才的巨大价值，构建这种培养方式就是有战略意义的。

于是，诸多 500 强企业凭借庞大的经营体量优势，开始重仓人才，打造独特的人才培养模式，取得了巨大的成功。这些先锋实践也被其他企业广泛认同，并成为对标对象。例如，不少企业都以通用电气的克劳顿商学院为参照，力图构建自己的企业大学。工业经济时代，大量企业大学不断涌现，满足了企业的人才需求。

但是，互联网时代似乎偏偏要挑战这种最佳实践。由于用户需求长尾分布、千人千面、快速迭代、无限极致，企业必须提供更加灵活多样的解决方案，这进一步要求人才具备更强的市场洞察能力和资源整合能力，而且这些能力还要随着用户的进化同步迭代。换句话说，过去通过企业大学产出通用型人才的模式已经迎接不了这种挑战了（这里并没有否认少数杰出的企业大学已经在自我突破）。

那么，企业的人才培养应该何去何从呢？

人才孵化器的设想

我在《人力资源管理新逻辑》一书中，曾提出了三个方面的挑战：在输入环节，要求培训内容高度对接需求，必然是快速迭代的；在过程环节，要求培训形式有代入感，能够让员工"卷入"而非"游离"；在输出环节，要求培训结果能够直接影响绩效。这些需求显然是"急功近利"的，以致被 HR 认为是违反人才发展的规律，但这可不是老板们的突发奇想，而是市场的客观需求。

越是转型为平台型组织的企业越会抱怨："为什么我的公司老是出不了人才？出不了那种人才，平台型组织总是少了点意思。"他们是对的，"责、权、利、能"一致，企业才能进入平台型组织导向的自组织状态。"能"是我们最后要突破的一重关隘。

企业需要的人才培养模式应该是这样一种"孵化器"：它能快速洞察人才培养的需求，快速抓取人才培养的内容，快速以场景化的方式进行培养。不仅如此，在人才完成一轮的培养之后，还能收到其在工作中的新反馈，形成新的需求洞察，进入一个新的培养循环。培养循环往复，生生不息，完全贴合企业的发展需要。

"精准""快速""经济"是这种模式的三个特点。"精准"是指需要什么培养什么，培养的能力高度场景化，而不是过于抽象或含混不清；"快速"是指培养的东西都是马上能用的，不用经过太冗长的转化过程，就能产出人才和绩效；"经济"是指培养的过程不会浪费太多的显性成本和隐性成本，在大多数情况下，培养过程甚至是融于业务过程本身的。

一头把"员工毛坯"放进去，另一头马上就有各种各样的"成型人才"产出，精准匹配企业各种各样的需求，多好的设想呀！

华为大学作为华为的人才孵化器在业界闻名，出人才的效率非常高。在华为营业收入规模快速扩张的背景下，华为大学为其提供了大量的可以作战的优秀"将军"。从外部人才市场的角度来看，华为的人才也是"香饽饽"。一旦某人的职业履历里有华为背景，身价必然大幅上升。

任正非曾明确提出："华为大学要为华为主航道业务培育和输送人才，特色是训战结合，最终就是要作战胜利。这个目标似乎短浅了一些，但当前对于华为而言在转换管理中是迫切需要的。5～10年后怎么样，未来再讨论。"基于这样的理念打造的人才孵化器，效率可想而知。

另外，华为大学是自负盈亏的，也就是说，业务部门是用户，它们是否愿意将员工送来培训，决定了华为大学的生存空间。正因为如此，华为大学也坚持其目标导向的培训形式，力求交付业务部门看得见的成果。

素质模型的问题

要打造一个可靠的"人才孵化器",显然必须有一个由若干关键岗位族的素质模型(competence model,又称能力模型、胜任力模型,以下统称"素质模型")构成的基础。素质模型决定了人才评价的标准和人才培养的方向,如果这一步都错了,那么后续的所有工作就都错了。

当前的问题是:大部分企业根本就不是基于人才的量化来做人才管理的,更多的是凭借自己的经验和感觉;一小部分的企业虽然有量化人才的意识,但还是在用工业经济时代的素质模型来做互联网时代的人才测评。

前者的问题在于,没有洞悉所需人才的真正特征,在培养上自然是追涨杀跌,被各种"问题"或"潮流"带偏。今天发现员工执行力差,就做一个全员执行力培训;明天发现教练技术比较流行,就做一个管理人员教练技术培训……结果,缺人才的时候,只有找空降兵,而空降兵又不能即插即用。要是需要进行人才测评来支撑人员汰换,就只有匆忙做一个不精准的测评框架,或匆忙找来市面上的外援(专业测评公司)来帮忙。没有本地化的素质模型,怎么可能适用于企业?而要将模型本地化,咨询公司必然有大量投入,价格自然不菲。早知今日,反正都要投入成本,又为何不在一开始就建好自己的素质模型,把事情做对?

有的企业比较有前瞻性,一开始就设定了要做素质模型的基调,但它们走入了另一个歧途。

传统的素质模型以工业经济时代的假设为基础。这个时代的管理逻辑是线性的①，企业所需要的人是去个性化的。换而言之，只要把一群标准化的人按照金字塔组织的方式机械地组合在一起，进行整齐划一的大规模研发、生产、销售等，就能够获得企业预期的经营结果。所以，这个时代的素质模型是高度抽象化的，无非是基于企业内的"高绩效行为"抽象出的一些标准行为特征。正因为如此，这种素质维度得以通过"素质辞典"②的形式存在，某个素质维度也可以不经太多的修改就从一个企业迁移到另一个企业（当然，每个企业从辞典中选择的素质词条不同，但词条的内容是相同的）。

但这种"抽象"出素质维度的过程就是损耗信息的过程，存在天然缺陷。高度抽象的素质，面对互联网时代组织内的情境复杂性，根本无法支撑人才的甄别。某个企业的人力资源高管埋怨，花大价钱引入的素质模型看似都有道理，却好像"正确的废话"。他们举例，太多的素质描述都模棱两可，如"客户第一"这个素质维度尽管有定义，但当他们将其投入员工测评，采用"举证法"让员工陈述自己主张"客户第一"的行为时，每个人都可以找到无数的证据。结果，这样做根本达不到测评的效果。

素质测评的重构

我曾经在《人力资源管理新逻辑》一书中提出基于"关键情境"

---

① 所谓线性的管理逻辑，通俗一点讲，就是1+1=2的确定性逻辑，而非线性逻辑，就是相对复杂、过程模糊的逻辑。

② 人力资源管理领域的一个经典工具。从1989年起，麦克利兰开始对全球200多项工作所涉及的胜任素质进行观察研究。经过逐步的发展与完善，他共提炼形成了21项通用胜任素质要素，构成了素质辞典（Competency Dictionary）的基本内容。这21项素质要素概括了人们在日常生活和行为中所表现出来的知识与技能、社会角色、自我概念、特质和动机等特点，形成了企业任职者的胜任素质模型。

的人才测评方式。所谓"关键情境",是指挑战达到一定程度的工作情境,这些工作情境能够区分高绩效人员和一般人员,一个岗位的关键情境不超过 7~8 个。再说得通透一点,这种素质是高度依赖于企业内某些特定情境的描述(而不是纯抽象),能够轻易区分谁能在这些特定情境中获得高绩效。

具体来说,这种素质模型的建模思路和传统思路有两个不同。

一是内容更具综合性。传统素质模型中的素质项是高度抽象的,而且强调两两之间尽量消除交叉。这样一来,每个素质项都特别孤立,说的是一个点上的素质,自然无法解决关键情境中的综合问题。所以,当我们主张反其道而行之,关注关键情境时,就必然意味着要关注相对综合的素质。我们所谓的一个素质项,可能是几个传统素质项的"综合体"。其实,在互联网时代主张把一个人解构为"素质的零件",本身就是错误的逻辑。

二是描述更具穿透力。我们基于关键情境关注综合素质,拥有这种素质的标准,自然是能够在关键情境中获得成功。所以,我们描述出的素质项必然具有一种"穿透力",是一种综合成功要素的提炼,是关键情境的"钥匙"。杂糅几个传统的素质项不可能具有穿透力,我们描述的素质项,将这些原始的素质进行了有序的、有重点的综合。显然,这种处理需要对业务的高度理解。

以下是一个例子,各位朋友可以轻易地发现新方法中的"穿越前瞻客户需求"与常用素质辞典中的"客户第一"之间的区别(见表 3-1)。

多年前,互联网商业逻辑尚未袭来,但我依然感觉到了传统素质模型遭遇的挑战。从 2009 年开始,我基于 50 多家样本企业的关键情境进行了测量，形成了数十个指标组成的"新素质辞典"㊀，并在多年里持续迭代。当然，这个新辞典更关注的是提供对于平台型组织更具解释力的指标库。

表 3-1 基于关键情境的素质维度（举例）

素质项	定义	典型描述
穿越前瞻客户需求	基于客户对于需求的基本描述，前瞻性地思考客户的根本目的，洞悉其深度需求的能力	• 对于 B 端客户，穿越其本身的对于需求的描述，思考其面对的 C 端用户的需求 • 对于 C 端用户，穿越其本身对于需求的描述，思考其在产品应用场景中真正想要实现的目的

资料来源：穆胜企业管理咨询事务所。

我们从这个"新素质辞典"中选出素质项后，就应该按企业的情况进行不同素质项的分级。这使得我们可以根据定制化的素质模型精准量化人才，只有这样做出的人才盘点颗粒度才是最细的。太多的企业在建立素质模型后，由于测评成本或其他原因都没有坚持运用其来实现人才量化，这还是模型本身的问题。基于关键情境的素质项却很方便地设置了类似评鉴中心类的测量工具，甚至通过对于工作行为的直接观察，也可以实现测量。

培养方式的趋势

素质模型的建立过程是反复循证的过程，自然不可能简单，但一旦素质模型被建立起来了，企业的人才培养工作就能够事半功倍，就能够实现我们所谓的"急功近利（褒义）"。

㊀ 它是穆胜企业管理咨询事务所在"素质辞典"的基础上，发展出的新工具。

由于素质模型中的素质项是情境化的，相应的人才培养方式必然也不是传统的教学模式。需要说明的是，并不是教学模式过时了，只是其对于素质的发展并无太多好处。当下的趋势有以下三类。

第一类是模拟实景。 通俗来讲，中国足球队在对阵澳大利亚队之前，先和风格类似的新西兰队踢上一场，加上教练的同步指导和事后复盘，这对于正式的对战必然有所帮助。所以，群策群力（work up）、行动学习（action learning）、发展中心（developing center）和我提出的"企业剧场"等"模拟实景"的人才培养方式必然成为主流。

第二类是战训结合。 进一步来看，上述情境化的人才培养方式必然调动企业内的诸多资源，如果要让其成为一种常态，必须将其与日常工作结合起来，实现战训结合。换句话说，人才培养不是模拟实景，而是将其嵌入实景，以战代训，战训结合。而一次人才培养的活动，不仅要求人才素质有所提升，还要求组织获得实实在在的收益。

第三类是培训产品化。 这要求负责培训工作的 HR（TD 或 LD 等角色）转型为"知识捕手"，频繁地穿梭于一线和总部之间，发现一线的培训需求，并在一线抓取最佳实践，萃取、编码可传播的组织知识。在这个方面，腾讯这类互联网企业有天然的基因优势。在腾讯的 Q-Learning 平台上，集合了企业内部的若干最佳实践，而且随需求快速迭代。例如，微信、QQ 邮箱等明星产品的开发过程就被萃取、编码为视频案例。这种方式最大限度地实现了低成本的知识共享，在这个方面的优势远远超过前两类人才培养方式。自然，这对 HR 提出了更高的要求，这已经是在做知识管理而不是在做培训，我们不能仅仅成为知识的二传手，而是要加速这种"局部最佳实践"到"全员普惠分享"的过程。

其实，在上述人才培养方式之前，"干中学"（learn by doing）已经被认为是一种重要的人才培养形式。但是，一旦我们过于强调这种方式，又会导致企业在一开始就走入人才培养上的"放养模式"，这同样是不可取的。后面会提到，在人才孵化器之后，企业应该进入人才生态的阶段，"干中学"会成为主流的人才培养方式，人才会自动涌现，好比硅谷里的"天才们"总是源源不绝。但是，人才培养不能"下跳棋"，必须循序渐进，最初，其人才培养方式必然是被精心设计出来的，即使是"干中学"也应该放进设计里，让其变得高效。

无论是上述哪种人才培养的方式，都建立在素质模型的基础上，即为了提升员工在关键情境中的适应性。所以，上述方式无一不是"急功近利"的，我们也可以换一个好听点的词汇，叫"立竿见影"。

人才管理闭环

企业必须清醒地认识到，如果企业本身不够大，尚且处于转型平台型组织的初期，其生态系统必然非常脆弱，此时，就需要用大量的人工手段推动生态的繁衍。具体来说，就是要打造出人才孵化器，形成一个人才管理的闭环。

具体来说，企业的人才管理过程包括如下几个环节（见图3-1）。

首先是人才需求盘点。这里又分为两步：一是需要洞悉企业的战略选择，将其变成对于人力资源效能（投入产出比）的要求，即"效能盘点"；二是将这种需求转化为对于人才队伍的需求，即"队伍盘点"。当然，上述的"效能盘点"和"队伍盘点"是以一个较长的经营周期为前提来进行的，这和我们绘制每年的人力战略地图有所不同。两步走完后，一个企业内领军人才、中坚人才和工兵人才的现状、问题、发展方向已经相对清晰了。而且，我们还能进一步在几类人才中识别出战略性人才，这些人才是人力资源效能的关键驱动因素（drivers）。

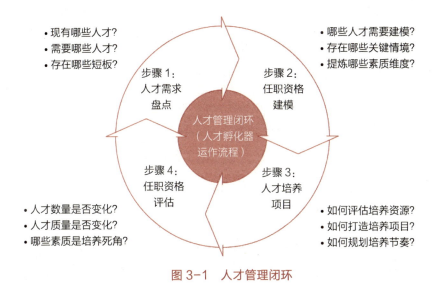

图 3-1　人才管理闭环

资料来源：穆胜企业管理咨询事务所。

其次是任职资格建模。任职资格包括两个部分：素质和知识。形象点说，素质有点像是电脑的"主板"，而狭义的知识更像是"插件"。光有"插件"就成了孔乙己，满腹经纶但无从施展；光有"主板"就变成了野路子，推进工作时总是在抖机灵，总是在摸着石头过河。显然，上述两种情况都不是我们所主张的。

一方面，针对三类人才中的战略性人才，应该识别出其关键情境，并按照前面提到的方法分别建立素质模型。我们所谓好的素质模型，是能从素质项里直接看到其可能被应用的关键情境。这里，建立素质模型的颗粒度有所讲究，最细可以到岗位族。颗粒度越细，培养效果越好，但与此同时，模型也越多，成本越高。另外，除了素质模型外，还应该考虑每类人才在知识和经验层面的需要。

再次是人才培养项目。明确了人才培养的需求，我们就需要通过各类人才培养项目来承接这些需求。这可不是单单投入成本和时间的问题，频繁的培训必然会破坏工作节奏，因此，应该基于工作节奏来设计人才培养项目。

◎ 基于工作提供大量的"培训产品化"的赋能工具，这些学习无论是在工作时间内或外进行的，都会让工作本身更高效。
◎ 设计若干的跨部门或超常规的创新工作，让员工有机会打破岗位进行"战训结合"。
◎ 在人才发展受到阻滞时，通过"模拟实景"的方式帮助其打通堵点，但这种方式成本极高，应该考虑如何扩大培训的覆盖面。我提出的"企业剧场"的方法，就是实现了传统"发展中心"的培养方式的规模化。
◎ 通过传统教学模式导入体系化的知识和一些间接经验。

其实，根据人才需求、培训形式、工作节奏等要素来设计人才培养的节奏绝对是一项高难度的工作。但是，好的设计者总能将有限的时间最大化，润物细无声地滋养人才的成长。

最后是任职资格评估。人才经过了培养之后，必须同步对其成长成果进行评估。在传统的模式中，无论是针对培训项目的效果评估，还是针对人才素质评估,都存在不够精准和不够适时的问题。但上述方法中,测评和培养两种工作合二为一,而素质模型和人才培养都是基于关键情境,情境中的行为又都是可以通过"行为锚定法"等工具来量化的,所以,我们完全可以定期盘点人才素质的变化。而这就让传统长线作战的人才培养工作可以变得"急功近利"。

在互联网时代的平台型组织里,培训工作不会"死去",而是会通过另一种方式"涅槃"。这种新模式打造的"人才孵化器",可能是企业从平台型组织起步到成熟的"标配"!

第二节

解密人才生态

从人才孵化器到人才生态,是一个企业走向平台型组织的过程。在金字塔组织里,企业需要建立人才孵化器来做人才培养的"热启动"。而随着人才产出越来越多,责、权、利、能配置到位,企业转型平台型组织的进程就会被加速。此时,就会产生一种自动孵化人才的生态,让企业收获意想不到的红利。

互联网时代,随着平台型组织成为受到广泛关注的组织模式,"人才生态"这个词也开始进入人们的视野。客观地讲,这个词绝不是生造出来的,它反映了在商业越来越走向开放的过程中,企业对于灵活获取高质量人才提出了几乎苛刻的要求,这自然倒逼"人才孵化器"进化为更加强大的"人才生态"。

这个时代，生产要素飞速流动。从表面上看，流动的是资金和技术，但本质上，流动的是人力资本。换句话说，资金和技术都是追逐人力资本在流动的。所以，如何创造一个既能够繁衍各类人才，又能够吸引各类人才过来繁衍的"人才生态"就至关重要。从某种程度上讲，哪个企业建立了"人才生态"，它自然就拥有了互联网时代的第一竞争优势。

人才生态的三大特征

当前，对于"人才生态"的定义还很模糊，但借鉴我们对于商业生态的定义，结合诸多管理者对于"人才生态"的期待，似乎可以提炼出一些特征。

物种多样性

物种的多样性是第一要素，是生态的"静态特征"。可以说，没有多物种就没有生态。

首先，一类物种只能吸收一类能量（好比食草动物吃草，食肉动物吃肉），多样的物种才具备吸收不同能量的可能，才能让生态从总量上具备更大的发展动力。不同的人才聚集在一起，相当于不同的终端，源源不绝地吸收外界的知识。

其次，只有具备物种多样性，知识才能在冲突和结合中裂变出"增量"。封闭企业最容易出现人才的同质性，这虽然保证了企业在行动上的整齐划一，但消灭了"冲突"和"互补"，封锁了更多的创新可能性，让企业变得死气沉沉。在人才生态里，具有不同知识结构和行为模式的人在一个平台上共存。价值观是共享的，知识则是各异或互补的。

想来也是，把一盆花放到阳台上，必须精心照顾才能确保它的成长，稍微一不小心，还会死亡。但如果把这盆花放到热带雨林里，它自然可以从多物种的生态里吸收养分，茁壮成长。

能量吞噬与转换

人才生态中的能量就是知识[1]，能量吞噬和转换统称为知识流动，这是生态的"内部动态特征"。从某种程度上说，即使存在物种多样性，如果不让多物种之间的知识"动起来"，结果也只会是一个个的"知识孤岛"。那个时候，每个人都以自己的知识作为真理，以专业人士自居，对抗一切的异类，组织就会出现大量内耗。

反过来说，如果知识真的流动起来了，人才生态就会形成并爆发出无限的威力。人才生态和自然生态最大的不同在于：在自然生态中，能量是守恒的，而在人才生态中，知识就是能量，这是可以无限扩张的。在自然生态中，一个物种吞噬了另一个物种，后者的能量就转换到了前者的身上。但在人才生态中，如果通过知识传递，一个人通过学习获得了另一个人的知识，后者就被前者吞噬掉（形成了知识覆盖），但是双方的知识依然独立存在，变成了两份。

要确保知识的流动，一方面要制造不同个体之间的协同，另一方面要确保不同个体表达知识的自由。所以，组织模式一定要包容员

---

[1] 请注意，相对于前一节谈到的素质和知识里的知识，这里的知识是广义范畴的，既包括了狭义的知识，又包括了素质。

工进行无边界的协作，换句话说，每个员工可以相对自由地选择连接哪个合作者，并且能够基于自己的知识获得在合作中的位置和话语权（而非受限于自己的职位）。

外部能量的持续输入

外部能量的持续输入是形成知识流动的根本力量，是生态的"外部动态特征"。

进入生态的"阳光"依然是用户需求，用户必须成为人才生态发展的第一动力。在商业生态的领域中，企业在用户需求的倒逼下开始成长，企业之间相互吞噬，能量（资金、技术、人才、土地等）在不同企业之间转换。正如在硅谷，死掉的项目里的资金、技术、人才等变成了沃土，滋养了新的项目产生。只有用户需求才会倒逼企业成长，倒逼大鱼吃小鱼，快鱼吃慢鱼，才能筛选出生存能力最强的企业，倒逼各类生产要素（能量）流向最合适的位置。

而在人才生态的领域中，人才在用户需求的倒逼下开始成长，人才流动于不同的任务团队之间，人才与人才之间相互学习"覆盖"（一个人的成长覆盖掉另外一个人的功能），知识在不同的人才之间转换。也只有用户需求才会倒逼一个个项目团队产生，倒逼人才去学习新的知识（换知识），倒逼项目换掉不称职的人，甚至在项目要求更高之后换掉原来称职现在不称职的人（换人才）。无论用哪种方式，说到底还是在用动态、优化的方式为项目筛选出最强大的知识。

人才生态的三大优势

搭建了上述的人才生态,好处是显而易见的。

高度的动态适应性

互联网时代,用户需求不仅是千人千面、长尾分布的,还是极度不确定的。工业经济时代,企业只需要根据未来的战略发展来建立"人才池",或者通过强悍的招聘职能,直接从市场上引入合适的人才。前者被认为是投资型人力资源战略(investment 或 accumulation);后者被认为是诱引型人力资源战略(inducement 或 utilization)。但一般来讲,企业再强大的"人才池"也只能满足一时之需,而空降进入的大量人才更面临水土不服的问题。

互联网时代,企业得以生存,依靠的就是"跟得上用户鼠标点击速度"的能力。这种能力,一方面意味着快速识别用户需求,另一方面意味着总有人才能够根据用户需求来调用组织内的其他资源,形成解决方案。换言之,我们需要这样一种组织:随着市场的波动,人才动态成长,总有人才源源不绝地"冒出来",能够对接上用户的新需求。这类人才是自己成长出来的,相当于"人才池"是自我繁衍出来的,同时这类人才又是"有根"的,他们和企业其他的资源有联系,能够用自己的能力盘活企业内的资源。用一个略显"矛盾"的比喻来说得更形象一点,他们有点像那种"放养的子弟兵"。

和商业生态一样,人才生态通过多物种来对抗"系统风险"。单物种最大的问题在于抗风险能力太差,一种人才适应一种环境,正如一种企业适应一种环境，环境一旦变化，人才或企业就不能适应，系统就面临崩塌。但多物种之间可以进行能量的转移，一类物种死掉了，另外一类物种可以吸收它的能量继续茁壮生长。在人才生态中，之所以有人才能够不断地"冒出来"，就是因为知识在这个环境中是流动的。

高效的培养投入产出比

在人才生态中，不需要大量的脱岗培训，很多知识、技术、技能的学习都是通过"干中学"（learning by doing）来完成的。如此一来，培训的过程也就是为企业创造价值的过程，即"战训结合"。这对企业来说很划算，在人才的培养期内，并不需要支付大量的培养成本。

不少企业通过行动学习（action learning）的方式来启动跨边界团队，协同不同部门的力量来进行"难题公关"。通过让员工思考企业最难突破的问题，一方面获得了来自员工而非领导的解决方案，另一方面也促进了员工的快速成长。再往前看，20世纪80年代后期，杰克·韦尔奇在通用电气发起了"群策群力"（Work-Out）活动，意在集中公司内外、上下各方面的智慧，培植、收集和实施好点子。例如，在一个涡轮厂里，工人咒骂他们使用的铣床，经过"群策群力"，他们获准改换机器的规格并自行测试新机器，尽管改换费用高达2 000万美元。结果是切削钢件的操作时间减少了80%，不仅更快地满足了客户的需求，也降低了库存的成本。虽然我们不能把他们叫作"人才生态"（后面会解释原因），但至少这能够从一个角度解释"人才生态"的优越性。

3. 快速形成组织知识

一般企业存在这样一个人才培养的悖论：一个人才的成长需要企业投入大量的成本，但是一旦他们成长起来了，又极有可能离开以寻找更好的就业地。这不仅让企业的培养成本变成沉没成本，还有可能导致业务瘫痪。但在人才生态中，通过个体之间的频繁交流，每个人身上的表象知识（know-what）和诀窍知识（know-how）都有机会被最大程度共享，甚至是一些隐性知识（tacit knowledge）也无法藏匿。

下一节也会谈到这个观点。某个人要另一个人接受他的复杂观点，就必须把这些观点"说出来"或"写出来"，这个过程就是从隐性知识到显性知识的编码（coding）。只有这样，共识才能够很快达成，而只要想达成共识，就意味着要转移知识（个体对个体）甚至共享知识（个体对群体）。这种共识就是组织知识，体现为标准业务流程（standard operating procedure，SOP）、使能器、模型、基线、制度文件等。这些知识不随个人的离开而离开，而是成为组织永恒的财富。这有点像知识被上传到了"云端"，所以，我又把这类组织知识叫作"云端知识"⊖。这个时候，员工就成为"终端"，终端形态不同，但由于共享的"云端"相同，每个人就可以最快同步"云端知识"，成长为合格的人才。

金字塔组织里没有人才生态

如果说人才生态的优势毋庸置疑，那么考虑人才生态的几大特征，

⊖ 当然，如果是储存在一个IT化的平台上，这个比喻就更恰当了。

什么样的组织模式才能形成人才生态呢？至少，传统的金字塔组织里一定没有人才生态。在金字塔组织里谈人才生态，就好比在陆地上练习游泳一样荒谬。

物种多样性无法实现

在金字塔组织里，物种的多样性由分工决定，而这种分工是顶层领导造出来的。企业基于预测的市场，设计商业模式，制定战略，搭建组织结构，再招募和培养人才队伍进行支撑。所以，企业体量越大，业态越多元，组织结构越复杂，人才越具有多样性。因此，高喊人才生态的巨型企业，它们所谓的"人才生态"更多的是一种结果，而非一种刻意为之的人力资源管理动作。

有什么区别呢？人造的物种多样性可以在企业专注的相关多元化领域内快速产出人才，但无法在非相关多元化领域内满足人才需求。所以，金字塔组织都是先有业务，再有人才，但这就意味着一段时间内人才一定"顶不上"，企业会承担（向新领域）转型的巨大试错成本，不少企业因此错过转型的"时间窗"。说到底，传统金字塔组织是有"边界"的，"边界"限制了与外界的能量交换，也限制了产生人才的可能性。平台型组织则不同，由于没有边界，它们的人才是自动产出的。它们是先有人才，再有业务，上业务是因为有人才看到了机会。

个体之间连接不够频繁

在金字塔组织里，纵向的授权关系、横向的协作关系、流程上下游的协作关系都是固定的。每个人打交道的人都是固定的那些，以至于我们在岗位说明书里可以描述和量化这些"连接"。

其实,不少企业已经意识到了这种固定的环境会限制创意的发挥和人才的成长。于是,它们开始在固定的连接之外制造另一些连接的可能性,轮岗、工作内容丰富化、项目制都是典型的方式。企业让员工在传统的工作关系之外,有可能形成其他的"连接",用其他的连接进行"赋能"。所以,我们会看到一些典型现象,连接可能性越大的企业,人才越是喷涌而出。德邦物流被誉为行业的黄埔军校,人们惊讶于他们一个24岁的年轻人就可以成长为集团副总,高管团队的平均年龄只有26岁。大家以为是选才和后天培养的原因,但实际上,这完全得益于他们喜欢采用项目制等方式来形成协同关系。

但是,这种虚拟项目制的方式也是有很大局限性的(包括前面提到通用电气的"群策群力")。由于是在工作的"实线"之外虚拟出了一条汇报的"虚线",员工必然存在双线汇报的问题,虚线必然被"虚化",最后不了了之。一个零售巨头行业的人力资源副总曾经向我热情洋溢地介绍他们的项目制激发了员工创造力,他的一位中层管理人员下属却向我发来邮件,坦诚虚拟项目制最开始热闹,后来就是越做越"假"。因为实线才是他们的根本利益所在,他们不可能投入太多的精力兼顾虚线;即使他们敢于投入额外的精力把虚线的项目方案做得足够出色,他们也缺乏落地的抓手,因为那个领域还是人家的地盘。

人才流动的动力并非来自市场

在金字塔组织里,人才的流动是依靠人力资源部的招聘、淘汰、再配置(晋升、降职、平调)。这种流动是领导驱动的,不是市场驱动的。我们需要一种组织模式，人才的流动依靠的是市场规则，有价值的人才和项目之间相互选择，背后是市场需求的驱动。适应市场需求的人才才能获得发展，而只要人才去主动适应市场需求，他们一定能够获得高成长。

金字塔组织是在金字塔结构里规划人才培养，这有点像是在大棚里种蔬菜，量产出大量的标准品。但即使金字塔组织的"设计师"再有想象力，把这种组织结构设计得再丰富，也永远没有市场这个"造物主"的设计来得精彩。市场里，用户需求的千变万化将愿意匹配的组织变成了一个热带雨林。

回到本章开头的场景。有人问我："穆老师，能不能帮我打造一个生产创客的人才培养体系？"我说："针对创客，没有人才培养体系，只有人才折腾体系。"

人才生态的逻辑底层

人才生态的逻辑底层是知识在不同个体之间的频繁流动。知识要从一个人身上流动到另一个人身上，两人之间必须要有"连接"（协作）。协作的基础有两个：一是要有价值；二是要有激励。

所谓"有价值"，是指协作的结果是 1+1>2，而且是越大越好。所以，越是在企业里有标杆性的强人，越是有可能吸引其余的人进行连接。这些人成为枢纽，好比社交网络里大 V 的作用。

当然，拥有大 V 仅仅是第一步，反过来想，如果大 V 离开企业，岂不就摧毁了人才生态？所以，企业还应该具备造大 V 的能力，反过来说，如果大 V 离开企业，就再也无法发挥在企业时的作用。就这一点来说，华为做得非常出色。不止一位使用"前华为"员工的企业高管告诉我，华为的体系太强了，他们必须经过长时间的调试，才能让"前华为"们适应新的体系。

所以，企业搭建人才生态的顺序应该是这样的：首先，自己有核心的优势资源，形成"资源洼地"；其次，用优势资源吸引高质量人才进入，将其成就为"大 V"；最后，用"大 V"吸引更多的人才进入，形成一个多物种并存、无边界协作、市场力量驱动的"人才生态"。

所谓"有激励"，是指协作的结果会产生分到自己手中的"蛋糕"。这种激励不是传授知识的激励，例如给"导师带徒"一定的补贴。道理很简单，知识是难以定价的：未经整合，无法产出终端产品，未经市场验证（用户买单），无法体现出价值。在现实中，大量的职能并不是直接面对市场，根本无法量化出它们的市场收益。

前面提到，某些企业将用项目制的方式来推动员工跨边界协作创新，或者将内部事务以项目的形式进行分包，形成"事件合伙制"。这样的做法不能说没有用，但肯定没有太大的作用。由于这些成果的市场绩效没有办法计量，反馈到员工身上的激励还是有限的。企业只能就产出的结果进行粗放评价，再给予一个象征性的奖励，奖多了，企业觉得不划算，奖少了，员工感觉不值得。于是，后续就不了了之了。大量尝试类似实践的企业都没有跳出这个"坑"。

真正的激励应该是分享运用知识进行协同产生的市场收益。所以，最终的解决方案是，让企业建立一种"共享机制"，将员工都连接到市场关系中，都能够感受到市场的压力，并分享市场的收益。

总结起来，当知识的流动"有价值"和"有激励"时，这种流动就会自发自动，越来越频繁，人才生态才会形成。要"有价值"，企业必须建立"资源洼地"；要"有激励"，企业必须建立"共享机制"。按照第一章提到的标准，当企业有了"资源洼地"和"共享机制"，它就几乎已经是一个"平台型组织"了。所以，人才生态没有特殊的方法，它就是打造平台型组织的副产品。

从人才孵化器到生态

在现实中，有几家企业能够打造平台型组织呢？共享机制可以设计，这是后天的，但资源洼地不能单凭设计，只能静待它成长，最多起到加速的作用，这是先天+后天的。大量的企业根本没有把平台型组织的共享机制弄懂，这是个不争的事实，但是更有大量的企业根本不具备资源洼地这个平台型组织的基本条件。光有共享机制而没有资源洼地，就像是拿着个"空盆子"到处去游说资源进入。即使这个盆子再大，里面没有东西，资源方也不会进来，平台型组织就永远不可能实现。不少"心怀梦想，手无资源"的创业者都是死在这条路上。

金字塔组织和平台型组织之间的确是天壤之别，但在演化过程中两种状态并非泾渭分明的。正确的姿势是，企业在发展初期，通过金字塔组织的形式发展，并形成某一领域的资源洼地。在这个阶段中，企业天然比较弱小，其资源有限，只能聚焦地布局在某一个领域，并通过金字塔组织快速、整齐划一、各司其职地行动，将战略方面的意图转化为优势的结果。当资源累积达到一定程度时，企业的规模也越来越大，金字塔组织内生的大企业病越来越严重，这时就既有条件也有必要通过平台型组织来解锁这一问题。

从人才生态的角度来看（见图3-2），在企业发展初期，由于资源优势不够明显，通过主动招聘、设计培训、弱化考核、安全薪酬等金字塔组织的方式来聚焦关键人才、设计人才衍生方式显然是更合理的。一旦通过累积，资源优势程度突破了临界点，企业有了底气，就可以通过打造平台型组织来实现人才自我衍生。此时，相对于原来的传统人才衍生模式，这种新模式将让企业变得开放，用资源和机制吸引海量创客进入，用人才生态的方式来推动企业走向指数级增长。

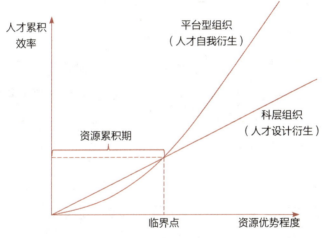

图 3-2　两种累积人才的路径选择

资料来源：穆胜企业管理咨询事务所。

大多数企业没有弄明白这些规律，所以才会出现若干对于人才生态的幼稚遐想。例如，某些企业尚且在丫丫学步的阶段就号称要打造平台型组织和人才生态。它们所谓的那些新组织模式，不过是车库创业阶段，由创业热情支撑的阶段性现象而已，这样的小团队一共就几杆枪，又怎么可能形成人才生态？它们即使在短时间内成功了，也更像是一种故事，而不是一种模式。在这种故事里，业务量稍微一大，管理体系就不能支撑，几杆枪就会把子弹打光，到时企业就会懊悔之前太"情怀"。这类企业应该老老实实地打造"人才孵化器"，并辅以超强的"招聘"等传统人力资源职能。

又如，有的企业已经具备了一定的资源洼地，但它们并不自信。它们认为，标杆企业之所以有人才生态，能够打造平台型组织，是因为它们的人才池够大。这个说法也是不对的，标杆企业在过去可以依靠做大金字塔组织来累积人才池，现在稍小体量的企业却未必能重复这条路径。因为金字塔组织里的大企业病会在互联网时代被无限放大，导致它们根本无法生存，何谈累积人才池。

另外，在企业壮大的过程中，组织模式的基因也会同时被固化。即使已经形成了强大的资源洼地，企业也不太可能使用共享机制来推动转型。所以，企业只要具备了一定的资源洼地（突破了资源优势程度的临界点），就应该切换到平台型组织的模式。只有这样，才能利用海量涌入的创客，变现企业在资源累积上的优势，而不是一边抱着资源，一边埋怨没有人才，眼看着一个个辛苦打造的项目死去。当然，随着创客们利用企业的资源获得成功，平台型组织也会越来越壮大，并实现对于平台的反哺，进一步强化资源洼地的优势，这就让企业进入了指数级成长的轨道中。

人才生态既不是万灵解药，也不是虚构的乌托邦，它是企业发展到一定阶段必然选择的一条路径。当然，前提是企业应该认清金字塔组织与人才生态是绝缘的，下定决心走向平台型组织。

第三节

启动知识管理

从人才孵化器到人才生态这个看似顺理成章的过程，为何大多数企业始终无法跨越呢？甚至，有的企业连人才孵化器都没有，导致屡屡出现把"娃娃兵"推到战场的窘境。此时的他们如果呼唤人才生态，将人才培养的责任甩锅，更是一个笑话，无非是掩盖自己在管理上的无能而已。

其实，从人才孵化器的打造到人才生态的成型，这一过程中每一步的重要动力是知识管理。从前面人才生态部分的内容可以发现，这种环境里确实自带知识管理的某些功能，要建设人才生态，也必须有强大的组织知识作为"资源洼地"。但有意为之的知识管理依然有其独特的操作方法，能够形成效率上的优势。本节将详细阐述。

在互联网时代，如果企业的培训部门不转型做知识管理，它们可能前途堪忧。

要人才还是要知识

人才之所以成为人才，就是因为加载在他们身上的知识。这些知识，一部分来自员工进入企业之前的累积，如大学教育、职业培训、前职业经验等；另一部分来自企业提供的土壤，如企业的方法论导入、员工交互、实践机会等。如果一家企业不能持续产生组织层面的知识并将其快速同步到员工身上，员工的成长就会受限，能力就会不进反退，人才的产生就是空谈。但是，这一点好像被忽略了，企业过度关注了人才而不是知识。事实上，**过度关注人才是一种另类的"管理反智主义"。**

人才不是核心竞争力

过度依赖人才存在"人才竞价风险"。不少企业标榜自己的人才储备庞大，在人才方面的投入不遗余力。最受推崇的一个例子是碧桂园的"未来领袖计划"。他们曾经重金在全球招入了 1000 多名来自哈佛大学、麻省理工学院、剑桥大学、牛津大学、香港大学、清华大学等全球顶尖高校的博士，旨在将其培养为行业的领军人物。从某种程度上讲，人才储备的确为碧桂园的高速成长注入了动力，但舆论将其业绩成长简单归结于人才、标榜疯狂招募的观点是错误的。

如果人才是决胜的关键，而人才都是有价格的，价高者得，那么通过人才储备来赢得竞争的企业本质上就没有核心竞争力。

缺乏人才是伪命题

企业不可能为发展无限匹配人才，道理很简单，平台型组织面对的是千人千面、长尾分布、无限极致、快速迭代的市场需求，需要盘活的是内部甚至外部的各类资源，即使启动最强的招聘职能，人才的供应也只会是杯水车薪。所以，我们在为企业转型为平台型组织进行辅导时，经常遇到的现实是，尽管将岗位的边界外扩了（甚至打破了），员工却受限于自己能力的边界，依然还是按部就班。

事实上，即使对于大多数金字塔组织，相对它们想要达成的下一个目标来说，人才永远缺乏，讨论缺人还是不缺人的问题没有太大意义。

内化人才是关键

人才只有加载"本地化知识"[一]，才能发挥最大威力。即使企业如碧桂园一样，豪掷万金，海纳全球人才，但要让这些人才发挥真正的价值，还必须让这些人才"内化"。大量企业的"空降兵"来势汹汹，但最终铩羽而归，正是因为"内化"不足。即使是开放的平台型组织，也很难做到人才即插即用，资源随需调用，外部人才依然需要对企业进行深度理解。通俗一点来讲，有些事情还是只有"地头蛇"才做得了。

如果只计较人才来了多少，而不计较"内化"了多少，表面上看似海纳百川，实际上是毫无思路。最终，企业的海量投入只会打水漂。

企业需要的真的是人才吗？恐怕未必。前面谈到过，人力资源、人力资产和人力资本是三个不同的概念，企业追求的应该是人力资本。但一方面，没有通过激励机制的设置来实现"共同劣后"的人才，根本不能被称为"人力资本"（即使他们再有能力），因为他们并不属于老板，离开也几乎没有任何损失。另一方面，员工缺乏特定知识几乎都无法成事，他们甚至连人力资产都称不上，又何谈人力资源资本化？

说到底，没用的人，老板不需要，有用的人才也不是"属于"老板或公司的，人才如果太有用了，老板一天到晚还会提心吊胆，担心

[一] 如果把知识看作一种广义范畴的资产，这就是交易成本经济学中的专用性资产。

被"挖墙脚"。

不妨换种思路，如果有一种"作弊器"，能够让每个员工拥有之后变成学霸，失去之后变成学渣，老板应该再高兴不过了。这个"作弊器"就是每个企业沉淀的组织知识，其必然"属于"老板，这才是老板们的根本利益所在。

但尴尬的是，在大多数企业冒进发展的过程中，尽管企业规模越来越大，但企业在组织层面的知识并没有变得越来越厚，而是停滞不前。老板、高管、直线经理都迷恋用个人能力解决问题，用个人英雄主义替代了组织设计。没有组织层面知识的沉淀，企业只会埋怨"人不好用"，将管理问题处理得无比简单且粗暴。其实，如果企业的业绩是因为这些人才（尤其是头部人才）的带动，那么这个业绩可能是一种另类的"泡沫环"（见图3-3）。

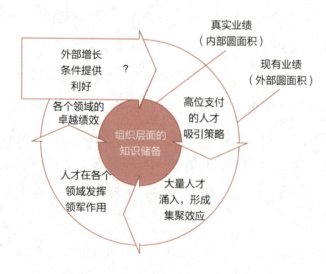

图3-3 累积人才形成的业绩泡沫环

资料来源：穆胜企业管理咨询事务所。

简单来讲，企业必须有高速增长的外部环境，或者宏观经济形势、产业发展形势，只有这样，它们才能够为人才提供高位的支付条件，才有人才涌入，并在各个领域发挥作用，带来卓越绩效。如此一来，就形成一个正向的循环，随着这个飞轮的转动，企业的绩效会越来越好，即图中的外圈外扩。但请不要忽略了一切的前提条件——外部增长条件的利好。若非如碧桂园一样，其所在行业处于风口，又怎么敢如此豪迈地吸引人才？如果行业没有处于风口，大量人才的涌入即使创造了优秀的绩效，也不一定会带来好的财务结果，这个飞轮就转不动了。所以，企业的业绩（财务层面）包括两个部分：一是组织层面知识储备形成的业绩，即图中的内部圆面积；二是依靠人才形成的业绩，即图中外部圆面积减去内部圆面积得到的圆环面积。两者相加等于企业业现有业绩，但前者就是一个员工能力形成的"泡沫环"。员工不属于公司，不会永远留存[⊖]，行业利好消失，企业失去了支付的实力，他们就会离开，泡沫就会被刺破。

"人才生态是互联网时代第一竞争优势"的观点还余音绕梁，但我们似乎又发现了更深层的规律——看似欣欣向荣的人才生态可能也是幻象，背后还是企业的知识管理体系。

企业在做人力资源管理的过程中，本质的追求是人力资源资本化。在这条路上有两个选择：

◎ 向后做（靠近输出端）——通过激励将员工与特定项目联动，让其

⊖ 当然，这里我们不能否认用企业文化留人的方法，但如果我们将员工假设为"理性人"，他们的离开与否就依然是按照损益分析进行的决策。或者说，企业可以追求"文化留人"，但一定不能将这个方式作为自己主要的"屏障"。

投入变成"股权"或"债权",实现与企业共同创造,共担风险,共同分享。

◎ 向前做(靠近输入端)——通过打造企业的知识体系来实现精准赋能,不仅能增加项目的收益率(通过提升人才进入项目之后的产出),也能降低项目的不确定性。

打造组织知识

需要澄清的是,我并非不主张企业储备人才,而是强调企业要在吸引人才之后,将其知识萃取、共享,同时,通过平台为其赋能"本地化知识"。进一步看,企业应该打造一个赋能员工的平台,无论是内部的在册员工,还是外部的在线员工,只要进入平台都能获得快速赋能,成为高质量的"本地化人才"。

事实上,我在《人力资源管理新逻辑》一书中,已经提出了这个观点——企业需要打造"云端知识"(或称为"知识云端")。借用互联网世界里"云"的隐喻,我主张企业借用 IT 系统将组织知识不断上传到员工触手可达的云端。如此一来,这种强大的赋能武器就能让员工在自己的工作中随时按需调用知识,甚至进化为"超级员工"!

日本知识管理大师野中郁次郎(Ikujiro Nonaka)提倡把知识作为解释公司行为的基本单位。在他看来,知识是一种多元的概念,涉及信仰、承诺与行为等。事实上,我们提到的知识、能力甚至价值观,在野中郁次郎的体系中都是知识。

他在研究日本企业如何获得成功的基础上,于 1995 年和同事竹内弘高（Hirotaka Takeuchi）撰写了《创造知识的企业》一书，奠定了现代知识管理研究的基础。书中提出了知识螺旋上升的 SECI 模型（见图 3-4）：企业的知识是以个体难以言明、未经编码的隐性知识（tacit knowledge）为起点，首先经过人对人的社会化（socialization）交流进行传递；其次，通过编码外化（externalization）形成可大规模传播的显性知识（explicit knowledge）；再次，将碎片化的显性知识组合化（combination）为系统的知识；最后，这些系统的知识内化（internalization）为员工自己的隐性知识。他们强调，这一个循环过程不仅在个体层面，还会逐渐"螺旋上升"到团队、组织的层面。而当经过一系列传递、整合、优化的组织知识被员工内化于心后，就形成了强大的组织能力。

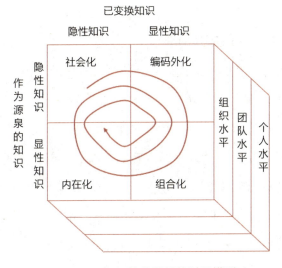

图 3-4 知识转换的螺旋过程模型

资料来源：野中郁次郎和竹内弘高的《创造知识的企业》。

在一般的企业中，知识的传递停留在隐性知识到隐性知识的层面，师带徒、口口相传、言传身教是其主要形式。这样一来，企业就永远突破不了"增长的泡沫环"，不少企业都在这个窘境里。野中郁次郎主张知识的传递进入更深的层面，从隐性知识到显性知识的外化，就是向云端上传知识的过程，员工（或团队、组织）将自己作为信息导入的终端，将自己掌握的信息上传到云端；从显性知识到显性知识的组合化，就是在云端上整合、处理、优化知识，形成一个系统；从显性知识到隐性知识的内化，就是要员工从云端上下载知识，并且吸收。

商业环境迭代，今天的知识，明天就可能过时，依靠人才、依靠个人的学习速度肯定是不靠谱的。企业应该是一个协同进化的"生命体"，它会在所处的环境中自然成长，实体形态只是表面，背后是它们累积的知识。企业本身拥有的知识必然会过时，如果它们无法及时对知识进行更新，必然面临被淘汰。形象一点来讲，企业犹如一个生物，陈旧的细胞会死掉，但新生的细胞如果没有长出来，结果自然是死亡。

想象一下，最初的几个人创立公司时，一切的流程、制度、方法、模型……都不存在，几个创始人各自为战，用自己的知识解决问题。运行几年后，流程形成了，制度性文件固化了，方法论在一定范围内有共识了……大家开始说着同样体系的语言。此时，新人进入公司后都会经过自然的优胜劣汰，能够内化、吸收企业的这套本地化知识，可以与企业协同进化，甚至能够为公司奉献知识，否则自然会被淘汰。其实，这就是企业的核心竞争力。正如战略管理中核心竞争力学派的创始人普拉哈拉德和加里·哈默所言，组织中的"积累性学习"才是核心竞争力的来源。

但现实中，又有几家企业意识到，没有组织知识的累积，它们必然死亡呢？我们再把这个问题分析得透彻一点。如图 3-5 所示，从学习曲线①上来说，相对于缺乏知识管理的企业，高效知识管理的企业可以迅速将平均成本拉低，形成一个"镰刀区"。在这个区域中，后者拥有更加强大的成本优势，好似有一个"深钱袋"，这个时期也可以称为"碾压期"。

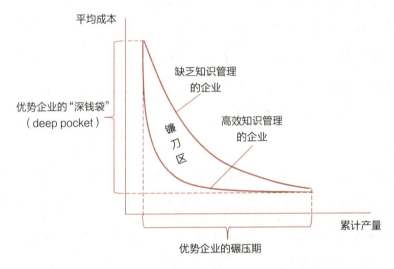

图 3-5　不同知识管理状态形成的竞争格局

资料来源：穆胜企业管理咨询事务所。

有意思的是，大多数老板看不到头上的这把"镰刀"。我不止一次听到老板或高管抱怨，在业务一线上的低级错误被一次又一次地重

---

① 学习曲线是在飞机制造业中首先被发现的，是引起非线性成本的一个重要原因。美国康奈尔大学的商特博士总结飞机制造经验而得出了学习曲线规律，认为每当飞机的产量累积增加 1 倍时，平均单位工时就下降约 20%，即下降到产量加倍前的 80%。商特将平均工时与产量的函数称为"学习曲线"。其中，平均工时与平均成本相关，所以，后来的大量研究都使用了平均成本与累计产量之间关系的函数。

复，优秀的经验却不能遍地开花，这为企业造成了巨大的显性损失和隐性损失。知识不能被"复用"，就是企业知识管理出了问题的强烈表征。但即使到了这个时候，它们依然不会意识到是知识管理出了问题，而会习惯性地将问题归咎到"人不顶用"上。于是，它们依然会在一个死胡同里挣扎，永远没有出路。

对于理想的方式，我在《人力资源管理新逻辑》中已经提及，企业的组织知识架设在云端，类似企业的一个内部维基百科。我把这个维基百科产生的成果形容为一个自动进化的"知识立方"，指知识是模块化的，可以自动拼接组合，自动被调用（相当于模块可以自由移动）。在这种模式中，创客只是企业的终端，只要连接云端，自然就能无比强大。

当然，IT 技术的加入可以加速企业的知识管理过程，但是，IT 技术并非知识管理能否成功的最大障碍。有效的知识管理是通过一套可以建立的管理体系来实现的，企业有没有在这个领域发力，发力有没有找准方向，才是关键。

知识管理的五大要诀

从知识管理的角度来看，有五个方面的事情必须由 HR 牵头完成（见图 3-6）。

设计知识的整体构架

要做知识管理，首先需要搭建在企业商业模式下的整体知识构架。

如果没有对于企业商业模式的深度理解，HR不可能完成这项任务。但如果没有这个架构，知识管理就是杂乱无章的拼凑，企业内部也无法用同一套语言沟通，各个部分之间根本协同不起来。所以，在本书后面会提到，HR不仅需要"懂生意"，还需要和财务、战略等后台职能部门形成联盟。

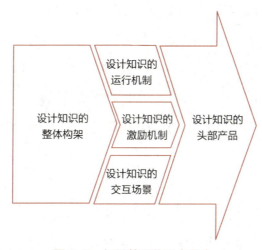

图 3-6　知识管理的五大要诀

资料来源：穆胜企业管理咨询事务所。

某个制造企业为下游提供定制产品，通过项目的形式进行产品设计、生产、交付、服务。在这个案例中，我们通过对过去最佳实践进行梳理，将每个项目的成功因素归结为七个，对应七种组织能力，如客户管理能力、产品研发与管理能力、供应链开发与管理能力等。经过反复代入过往的项目案例，我们发现这七种能力能够解释几乎所有的项目经营结果。于是，在经过了大量宣贯后（尤其是影响高层），这个框架就成为该企业组织知识的整体构架，后续的知识扩容、删减、迭代，都会基于这个构架进行。

例如，对于供应链开发与管理能力来说，该企业内的传统认知是本地化供应商（因为涉及异地生产）是主要手段，后来却发现，在长途包装运输环节有大量的降本增效空间，可以将销售回报率（ROS）提高两个百分点。于是，在这个维度上，组织知识就增加了厚度，这个最佳实践就能够被最大限度地共享。

不仅是对企业内部，一个有视野的HR应该着力于通过知识管理来推动商业模式的达成。所以，HR的视角应该是开放的全生态视角，而不是封闭的企业视角。举例来说，如阿里巴巴和房多多都是通过旗下的淘宝大学和房多多大学来培育头部商户，让一小撮冒尖的流量先玩懂平台的游戏规则，先活跃起来。

设计知识的运行机制

大量企业在进行知识管理时有一个误区，就是通过一些专项活动（如案例大赛）来提炼组织知识。这种方式看似风风火火，实则无效。为了使组织知识快速形成、进化，企业应该着力于创造"上传共享"和"搜索使用"知识的动机。需要说明的是，这两个部分不是孤立的流程，而是让员工在使用知识的同时就完成上传和反馈。自然，这个程序也不是孤立于业务流程之外的，而是浑然一体的。可以肯定地说，只要企业专门搭建了知识管理的流程，其结果一定是形成最后的体外循环，知识管理流程最终会被业务流程抛弃。

以另一个项目型的企业为例，为了确保其项目成功，我为他们导入了一个名为"人力资源准备度评估表"的工具。通过一系列的计算，我们可以将每个项目的人力资源准备度（readiness）按照百分制来评估。那么，究竟什么样的准备度合适呢？最初，我们按照以往若干案例的标准来推演，得出 80 分的准备度是合理的。但随着实践的推进，我们发现光是满足了 80 分，但项目局部配置有短板，还是会导致项目失败，于是，我们又增加了约束条件。再后来，我们发现 80 分一刀切的方式可能并不科学，按照项目的不同分类，某些项目的配置率实际上需要更高，另一些则可以稍微低一点。再往后，我们发现虽然不同项目的配置率要求可能都是 80 分，但有的项目需要"堆人头"，因为是一个萝卜一个坑，另一些项目则需要"精英领衔"，因为精英可以一个顶俩，这又形成了不同的配置策略……

每个项目的配置情况都在 IT 系统里，然后，项目的成功和失败也在 IT 系统里。于是，随着样本的不断增加，这个模型越来越复杂，变量、参数、基线……都在变化。在多个项目之后，这套储存于 IT 系统中的"经验"已经是其他企业难以逾越的"组织知识"。从本质上说，这就形成了一种类似企业大脑的"商业智能"。

设计知识的交互场景

野中郁次郎教授提出了"场"（Ba）的概念，这源于日本的一个哲学词汇，既指物理的场所，如办公室、会议室等，又指虚拟的场所，如电子邮件、线上论坛等，总结起来就是"知识共享、创造和利用的环境"。他认为，组织内的知识是通过几种不同的"场"来传播的，这些不同的"场"是知识能否实现有效传递、整合、优化的基础。

企业要形成组织知识，除了需要将知识管理的流程内嵌于业务流程中，还应该制造一些"场"来加速知识的跨界流动。道理很简单，内嵌于业务流程中的知识管理在本质上依然是"有边界"的知识，这样可以形成专业上的纵深，却难以形成跨界的碰撞。事实上，知识跨界形成的流动，不仅是推动平台型组织建设的关键，也是企业最好的创新来源。直观点说，一旦知识出现了跨界流动，员工之间的跨界合作实际上也就形成了，创新会快速涌现，企业会产生组织知识的爆炸式增长。

正是因为上述原因，进入互联网时代以来，企业剧场、私董会、管理工作坊等形式的培训如此活跃。其实，对于知识的跨界交流，企业一直有强烈的需求。过去，群策群力（work up）和行动学习（action learning）等形式的培训，也在推动知识的跨界交流。

设计知识的激励机制

虽然，我们可以通过设计让知识管理的流程内嵌于业务流程中，也可以制造"场"来加速知识的交互，但对于知识的"上传共享"和"搜索使用"，我们依然可以设计专有的激励机制。换句话说，由于知识管理是如此重要（有可预期收入的），我们希望所有通过知识管理来推进业务的行为都得到专有的激励。

从另一个角度来说，即使在两个企业的合作中，"技术溢出"也绝对是抑制合作的主要因素。换句话说，员工天然就不愿意奉献自己的知识，因为这样做对于他们来说有成本、没好处。所以，企业应该为员工确立知识的"产权"，让他们在贡献知识的同时能够有所收益。

在以前，企业想到的"土办法"是用员工的名字来命名某项技术,这种方式用荣誉感作为对价实现了一定的激励,显然,这还远远不够。现在,基于IT技术,企业可以有更多的选择。举例来说,在Facebook,其内部有一套工作流的软件,专门记录所有工程师对于产品和技术的讨论以及写出的代码。没有进入这个软件的上述动作,则不被认为是有效工作。这个工作流软件实际上变成了企业的知识库,每一个工程师所写的每一行代码都在里面,任何人都随时可以去查看若干年前这个产品的构建逻辑,更可以随时借用别人的成果。由此一来,Facebook内工程师的能力和贡献一目了然,你最终在这个巨大的知识库里面贡献了多少行代码,你的代码被多少人重复使用……你对整个组织的贡献就一清二楚了。

设计知识的头部产品

当HR搭建了组织知识的整体构架,通过流程内嵌和场景营造促进了知识的流动,再为知识共享设计了激励,按理说,这个犹如维基百科一样的平台应该可以"自运转"了。但这还不够,所有平台的活跃都是从头部产品(供给)开始的,有产品叫响了,才会有更多的人进入,开始使用更多的其他产品。从这个角度说,HR应该用产品经理的视角打造出"头部知识产品",让员工眼前一亮。

这对于HR又提出了挑战,如果在专业上必然不如业务部门专业,又该如何打造"头部产品"呢?本书后面会提到,互联网时代的HR需要具备的一项素质就是"教练技术"。依赖这项技术,HR可以深入业务,与业务专家进行深度合作,用专业工具萃取出"组织知识"。所以,从这个角度来说,HR充当了"组织学习催化者",是否能够快速进入业务、发现关键、萃取知识，是考验我们价值的关键标准。

举例来说，腾讯应该在这个方面是标杆。一是 HR 抓取最佳实践的效率非常高，QQ 邮箱、微信等标杆产品的开发方法和过程，会经过 HR 和业务团队的梳理，在第一时间成为可共享的组织知识；二是依赖 Q-Learning 的在线学习平台，这些知识可以最大限度地被共享，被其他项目团队借用，而基于这个平台，员工用户的在线数据反馈（如观看量、评论等）也成为他们迭代产品的素材。可以说，腾讯学院已经不仅是一个培训机构，还是一个线上学习平台的运营者，而它们运营这个学习平台的主要方式之一就是打造"头部知识产品"。

从严格意义上讲，无论企业是否选择走向平台型组织，HR 都有足够的理由去推动知识管理。只不过，在打造平台型组织的过程中，知识管理能够发挥更大的作用，对于企业来说是一项更划算的投资，也更能够让 HR 输出价值。而当一个企业拥有了足够的组织知识时，它没有理由不去打造平台型组织，不去迎接指数级的增长。

INSPIRE POTENTIAL

TOP-LEVEL DESIGN OF THE
HUMAN RESOURCE IN PLATFORM-BASED
ORGANIZATION

第四章

定位：组织 HR 战队

尽管老板们对于平台型组织极为渴望，但我的团队在推广平台型组织的道路上并不顺利。在操作层面，最大的阻力无疑就是 HR 了。

一次在辅导现场，在与老板和高管们诸多的共鸣中，一位 HR 负责人突然当场开炮："穆老师，在您的这种模式里，相当于要我们成为风投机构，这根本不是我们能力所能解决的。"她说得对，我们要的不是传统的 HR。

过去的 HR，习惯于将自己定位为后勤角色，对于事务性工作无比执着，喜欢通过人际关系来影响员工（过分强调 HR 需要高情商）。但事务性工作始终会被 IT 工具接管，而随着企业人数越来越多，随着人性需求越来越复杂，又怎么可能通过人际关系发挥影响？

HR 应该聚焦于推动战略和设计制度，成为平台型组织的建设者。在这样的背景下，传统的 HR 四角色模型和人力资源团队三支柱模型都应该被打破，并有新的时代注解。进一步讲，跳出舒适圈的 HR 也应该跨出部门边界，与其他后台职能部门打造联盟、协同作战。应该清楚的是，在平台型组织里，任何一个后台职能部门都无法为平台运作提供全面的支撑。所有这些变化都极大程度地挑战了 HR 的现有能力。但当我们放下"我只是个 HR"的执念，伴随平台型组织迭代进化一段旅程，我们会发现，自己已经变成了威力无穷的"新物种"。HR 应该是互联网新世界里的普罗米修斯，我们应该充当"盗火者"，只有我们才能释放组织与个人的潜能。

第一节

重新定义 HR 角色

20 世纪 90 年代，适逢全球化浪潮带来的不确定性增加，通过人力资源管理打造强大组织能力的需求不言而喻。与此同时，人力资源职能的价值却屡遭质疑。1996 年，《财富》杂志专栏作者托马斯·斯图尔特[1]撰文主张"炸掉人力资源部"，外包那些烦琐的事务性工作，还引起了企业老板、高管与业务部门的一片叫好。

1997 年，业界标杆戴维·尤里奇教授出版了《人力资源冠军》[2]一书，对人力资源管理者的角色进行了重新定义。1998 年，尤里奇教授又在《哈佛商业评论》上发表了《人力资源管理的新使命》一文，有针对性地对"撤销人力资源部"的观点进行了回应。

他认为，打造卓越的组织能力离不开人力资源管理职能，与其讨论"应不应该撤销人力资源部"，不如讨论"如何发挥人力资源部的作用"。他进一步提倡，HR 的定位不应该局限于传统的选、用、育、留，更应该充当好战略合作伙伴、变革推动者、员工支持者、行政专家四个角色。尤里奇教授的主张颇有正本清源之意，几乎引领了工业经济时代后期的人力资源管理方向。进入互联网时代，由于组织模式的底层逻辑走向"平台型组织"，HR 的角色似乎又需要重新定义了。

---

[1] 后来担任了《哈佛商业评论》主编。
[2] 原名为 "*Human Resource Champions: The Next Agenda for Adding Value and Delivering Results*"。

四角色模型设想与现状

尤里奇的四角色模型,从"战略—运营"和"制度—人"两个维度划分了人力资源部的四个角色(见图4-1),在一段时间内为HR搭建了广阔的舞台。但业界实践至今,各条战线上的成绩可以说是喜忧参半。而冥冥之中,一些变化又让这几条战线变得不再明朗。

图4-1 尤里奇的HR四角色模型

资料来源:戴维·尤里奇的《人力资源冠军》。

战略合作伙伴(strategic partner)

在"战略—制度"的位置上,四角色模型强调HR要与直线经理一起推动战略的执行。一方面,HR需要运用平衡计分卡等战略解码工具,帮助直线经理将宏大的战略分解为可执行的战略地图;另一方面,HR需要将宏大的战略落地为对于组织层面的要求,识别出那些能够推动战略的人力资源管理工作（我称其为"人力资源管理的杠杆解"）。应该说，这个领域是被尤里奇给予厚望的，甚至可以说得上是最能够拯救 HR 尊严的。为此，他不仅提供了战略执行的"五步法"，还给出了组织诊断的详细工具。

但现实是，HR 在这个领域的存在感一直很弱。原因无他，这个领域太难了。HR 可以通过商科教育或培训掌握平衡计分卡等工具，但掌握工具是一回事，将工具转化为解决方案是另一回事。后者需要对于经营和业务有深度认知，直线经理们尚且不能有效运用工具进行战略解码，又何况远离一线的 HR。所以，结果是，HR 导入工具，业务经理们自由发挥，两者油水分离，最后形成一个个无法落地考核的战略解码方案⊖。正因如此，战略对于组织的要求依然模糊，HR 们依然按照自己选、用、育、留的套路推进工作，难说能够推动战略执行。

变革推动者（change agent）

在"战略—人"的位置上，四角色模型强调 HR 要与外部顾问和直线经理一起界定和执行变革，创造一个崭新的组织。具体来讲，HR 应该充当变革的倡导者、引导师、设计者和示范者的角色。但从严格意义上讲，尤里奇的方法更多的是希望 HR 通过充当"引导师"和"设计者"来推动变革。前者是通过发动变革团队讨论企业在若干变革成功关键要素（变革领导、共同需求、愿景、动员承诺等）上存在的差距，推动变革执行者做出明智的变革行动。后者则是通过人力资源管

⊖ 大多数时候，你还不能说这个方案不对，因为工具的逻辑是对的，而按照工具进行战略解码的，也是懂业务的直线经理。

理体系的调整来支撑新的文化。

基于这种角色设计，HR 对于变革的影响就存在巨大的不确定性。除非 HR 团队真的强势到一定程度，否则其很难化身"引导师"来施加影响。换句话说，除非变革团队真的有巨大的决心，否则 HR 也无能为力，而一旦他们真的有了巨大的决心，HR 的角色也更多的是"配合"而非"引导"。至于"设计者"的角色，这本来就是一个复杂的新话题，HR 的执行难度可想而知。

员工支持者（employee champion）

在"运营—人"的位置上，四角色模型强调 HR 和直线经理协作，倾听员工的声音，成为员工的支持者，以提升员工的意愿和能力。这种模式强调与员工有温度的交互，包括知道每位员工的名字、长期在基层走动、不断与员工交谈等。尤里奇认为，只有这样才能让员工感觉到归属感，而这样的投入也能够最大限度地让员工真正成为公司的智力资产。

这个方向是典型的老派（old school）人力资源管理，似乎是 HR 的强项。大量 HR 都与员工保持了良好的关系，并以此来润滑工作，但事实上，这种良好关系可能是基于员工对掌握利益分配的 HR 的忌惮。另外，这种方式形成的惯性也导致了 HR 更留恋于事务性的工作。

行政专家（administrative expert）

在"运营—制度"的位置上，四角色模型强调 HR 以效率为导向，设计和实施有效的人力资源流程，甚至通过 IT 系统和外包手段来提升上述流程效率。尤里奇教授显然参考了财务共享中心的改革方向,提出了人力资源共享服务中心(HR share service center,HRSSC)的设想。这回应了外界对于人力资源流程具有官僚性的不满,在当时是非常超前的一种思路。

这个方向可能是那个时代里人力资源管理界最大的进步。HRSSC 从若干先锋 500 强企业开始实践,逐渐成为大型企业的标配。至此,HR 也在一定程度上摆脱了人力资源本身的事务性工作,更多地思考战略和落地层面的问题。

从整体来看,喜忧参半。在"战略合作伙伴"和"变革推动者"的角色上,HR 被寄希望于以教练的方式导入方法论,推动相关工作,但由于远离业务而缺乏影响力,这种期望并没有实现。在"员工支持者"和"行政专家"的角色上,HR 表现稳中有进,"行政专家"很好地适应了工业经济时代的规模化生产要求,"员工支持者"则避免了规模化将员工"物化"为"人肉零件",为组织注入了人文关怀。

四角色模型的迭代与挑战

尤里奇教授为 HR 搭建的舞台是宽阔的,但有意思的是,这个舞台尚未被充分利用,人力资源职能就开始在商业逻辑的变化中出现了漂移。进入互联网时代以来,老板们对于 HR 的要求越来越高,20 世纪 80 年代寻找超级 CFO 的风潮席卷到了人力资源领域。

尤里奇教授所在的密歇根大学可谓是人力资源管理研究的重镇。从 1987 年起,密歇根大学的学者们就开始在北美地区开展了一项 HR

素质（HR competencies）研究，旨在探索什么样的 HR 素质才能提升人力资源效能（human resource effectiveness）以及成功影响业务。事实上，这里，他们所谓的"素质"就是 HR 的角色定位。㊀最初的调研成果发现业务知识、变革管理和 HR 实践交付的三大素质维度最重要。而后，密歇根大学将这项研究延续到每五年一次，并逐渐纳入了全球样本。毫无意外地，随着研究的推进，对于 HR 素质的要求逐渐扩展。2012 年第六轮调研结果是六大素质维度，而 2016 年的第七轮调研结果则扩展到九大素质维度，而且边界越来越宽（见表 4-1）。

这种高要求让 HR 大呼"受不了"，顿感无从发力。事实上，我们倒可以从密歇根大学的模型迭代过程中看到这个行业发展的明确趋势。首先，对战略的落地要求更高；其次，对于广义激励（物质和非物质）的设计要求更高；再次，对于人力资本管理的要求更高；最后，对于数据分析工作的要求更高。

但无论如何，将模型无限扩展都可能导致本身已经处于迷茫中的 HR 无所适从。不仅如此，还容易模糊了焦点和逻辑主线，导致生成无法应用的研究结果。产生这种结果的原因很明显，当我们通过 HR、业务伙伴、高管、老板的样本来追溯 HR 应该定位的角色时，我们必然会得到一个"万花筒式"的答案。因为，互联网时代必然会加速上述人群对于 HR 的需求，可以预言的是，对于 HR 的要求还会越来越高，越来越杂。

基于这个考虑，我们更需要通过各类人群提供的信号，去寻找到

㊀ 我认为，HR 的素质和其角色定位不应该是一回事，本章第四节将对互联网时代所需的 HR 素质进行讨论。

表 4-1 密歇根大学七轮胜任力调研结果汇总表

	第一轮 1987 年	第二轮 1992 年	第三轮 1997 年	第四轮 2002 年	第五轮 2007 年	第六轮 2012 年	第七轮 2016 年
业务 (business)	业务知识 (business knowledge)	业务知识 (business knowledge)	业务知识 (business knowledge)	业务知识 (business knowledge)	商业结盟 (business ally)	战略定位者 (strategic positioner)	战略定位者 (strategic positioner)
				战略贡献 (strategic contribution)	战略构造者 (strategic architect)		
人力资源 (human resources)	HR 工作 (HR delivery)	HR 工作 (HR delivery)	HR 工作 (HR delivery)	HR 工作 (HR delivery)	人才经理 & 组织设计者 (talent manager & organization designer)	HR 创新者 & 整合者 (HR innovator & integrator)	人力资本管理者 (human capital curator)
							薪酬福利大管家 (total rewards steward)
							数据的设计和解读者 (analytics designer and interpreter)
							合规管控者 (compliance manager)
				HR 技术 (HR technology)	运营执行官 (operational executor)	技术支持者 (technology proponent)	技术和媒体整合者 (technology & media integrator)
							矛盾疏导者 (paradox navigator)
变革 (change)	变革 (change)	变革 (change)	变革 (change)		文化和变革组织者 (culture and change steward)	变革推动者 (change champion)	文化和变革倡导者 (culture and change champion)
文化 (culture)			文化 (culture)			能力构筑者 (capability builder)	
个人 (personal)		个人信誉 (personal credibility)	个人信誉 (personal credibility)	个人信誉 (personal credibility)	可信赖的行动派 (credible activist)	可信赖的行动派 (credible activist)	可信赖的行动派 (credible activist)

资料来源：戴维・尤里奇（Dave Ulrich）于 2015 年 12 月在第二届中欧人力资源高峰论坛上的演讲，题目为《从保姆到合伙人》。

HR角色变化的"底层逻辑"。这个"底层逻辑"就是组织模式转型的逻辑，这个逻辑承接了商业模式和战略的变化，决定了人力资源管理的转型方向，是我们最应该关注的。不妨回到尤里奇教授的四角色模型，先来洞察HR角色的变化。

一方面，战略导向已经大大压倒了操作导向。在变幻莫测的时代，完成人力资源管理的日常工作被视为理所当然，HR被要求在战略方面有所贡献。进一步看，以"投入产出比"为口径的人力资源效能（human resource efficiency）⊖成为企业衡量HR工作的刚性标尺。过去，HR习惯通过选、用、育、留上的"小动作"来承接这种需求，如控制人编数、人工成本等。但经过试错后，我们逐渐发现，如果不理解战略意图，不推动战略分解，不在组织层面承接战略要求，光是控制投入而不提升产出，很难达到效能要求。所以，我们可能需要拥有更广阔的视野。

另一方面，以制度为导向已经大大压倒了以人为导向。过去，HR流连于使用老派的方式执行管理，特别希望与员工建立一对一的亲和关系。但随着企业规模的增长，随着90后自我意识极强的一代员工出现，要调和与处理千人千面的人性太过困难。所以，HR需要在制度层面进行设计，用更具包容性的制度来应对人性。

回到组织模式的视角，无论从"提升人效"还是从"释放人性"的角度出发，走向平台型组织都是必然选择。因为，只有平台型组织才能释放组织和员工的潜能，才具有最高人效；也只有平台型组织才

⊖ 这不同于前面密歇根大学研究中的人力资源效能，强调人力资源管理的有效性。这里的人力资源效能是强调人力资源管理的投入产出比，而对于产出也更倾向于财务和业务维度而非其他。

能让员工拥有足够的责、权、利，化身创客，才有人性的释放。所以，在互联网时代，让 HR 产生真正价值的角色，在于如何推动企业转型为平台型组织。

新时代的新四角色模型

如果企业走向平台型组织，HR 的职能就应该从尤里奇教授四角色模型的"战略—制度"位置出发，思考新的突破。可以用一个新四角色模型（见图 4-2）来描述，核心思路是希望 HR 能够通过制度的设计来落地组织转型的要求，而组织转型可能是互联网时代企业的最大战略。⊖这一模型依然是从两个维度划分出四个角色：一个维度是介入层面是宏观还是微观，即关系整个组织还是关系组织的局部。另一个维度是介入的方式是干预还是不干预，即维护内部市场的自然力量，还是主动介入市场进行干预。

守夜人政府

守夜人政府，即充当市场规则的设计者和维护者。当企业转型为平台型组织时，人力资源部首先应转型为"小政府"⊜，在设计好市场规则后"隐身"，以"守夜人"的身份维护企业内部市场秩序。具体来

⊖ 一个典型的例子是，有人曾经质疑互联网时代的海尔没有战略，但张瑞敏认为，当前海尔最大的战略就是转型为一个在组织上"互联网化的企业"。他所谓的"互联网化的企业"，就是以用户需求为中心，资源自动协同的平台型组织。一方面，当企业走向平台型组织时，某种程度上是"去战略化"的；另一方面，企业的商业模式和战略也必须通过组织模式来落地。

⊜ 形容那种对市场干预不多的政府。通常的说法是"小政府，大市场"。

说，就是设计治理模式，即各个组织模块（大到部门，小到个人）的责、权、利的关系。直白点讲，就是谁做什么事，有多大权限，做了有多大好处（做不好有多大惩罚）。HR 会成为"市场规则的制定者"和"违规行为的处罚者"。我们应该知道，只要市场秩序是好的，市场对于资源（人力资源、激励资源、培养资源等）的配置就一定会保持高效率。

图 4-2　新 HR 四角色模型

资料来源：穆胜企业管理咨询事务所。

全能政府

全能政府，即从维持发展组织能力的角度干预市场，确保组织的可持续发展。平台型组织引入了市场机制，但市场机制天然具有盲目性、自发性和滞后性。对于一个大市场来说，自然是可以保持均衡；但对于一个企业内的小市场来说，资源的调配仍然会出现"失灵"，可能造成极大的损失。例如，从规避风险的角度，仅仅使用成熟型人才，导致后备人才没有培养。这类行为在短期内是符合市场规则的，但从长期来看，不利于打造组织能力，为企业埋下了若干"地雷"。此时，人力资源部就应该变身为"全能政府"，对于员工的市场行为进行干预，例如，为培养新人设置额外的"补贴"。总之，人力资源部应该高度关注组织能力的目标，以终为始逆推人力资源管理实践，对自由市场进行有效干预，平衡平台型组织中员工作为经营者的短期行为和组织的长期利益。

资源池建设者

资源池建设者，即通过资源池建设，让企业形成质优、价廉、量大的资源储备。平台上，市场主体的逐利行为和人力资源部的宏观调控行为都不会导致基础设施自动产生。但优良的基础设施是平台型组织的底层，能够大大提高人力资源的产出。从严格意义上讲，资源池的建设并非 HR 可以大包大揽的，但是我们掌握关键资源，具有关键作用。

我们应该负责建设的资源有三类——人才、知识和激励。其实，有了这三类资源，一个组织基本就具备了成功的基本要素，其他资源都附着在人的身上，被人的"动机"调用，按照标杆实践的"方法"形成输出。

人才池和知识库建设的重要性无须赘述，尽管大量的企业对于后者依然无所作为。例如，酒店行业的巨头华住集团为了打造强力的人才供应链，搭建了一个可以同时供 5 万~6 万人使用的在线学习平台，将标准操作程序（SOP）都做成视频，方便在线学习，大大降低了培训成本。

对于激励池的理解存在偏差，大量企业都认为激励池就是来自人工成本的预算划拨，但实际上，这大大曲解了激励筹码的内涵。我辅导的一个企业为了形成丰富的激励，打造了激励池，纳入了诸多如就餐券、电影票、带薪旅行、领导会面等激励资源，这大大提高了员工对于激励的感知，使他们感觉企业的关怀无所不至。

教练式咨询专家

教练式咨询专家，即带着教练工具和业务方法论完全融入业务，提供解决方案式的服务。当企业平台化后，创造价值是从一线发起的，倒推到职能部门，每一个环节都要确保创造了价值，才能获得来自价值链下游的支付。在这种关系中，人力资源部成为一个普通的内包服务商，只能凭借自己的专业能力获得业务部门的认可。所以，HR的角色就会走向咨询师。

另外，人力资源部可能还不仅仅是一个内包服务商。在极度下放三权（财权、用人权、决策权）的平台型组织中，HR还应该以代表企业利益的方式融入业务。换句话说，在这种角色里，HR有点像是前台（经营体）和后台（公司）之间的"利益平衡器"，需要确保两者之间出现"一起做大蛋糕一起分"的"正和博弈"。

HR要深入业务必须做到三点：一是熟悉业务，财务报表都看不懂的HR无法与业务部门沟通生意；二是掌握教练工具，在不具备管辖权限的前提下，要发起合作协同，必须有这种导引式的沟通技巧；三是掌握人力资源工具，大量HR并没有把自己笃信的选、用、育、留方法玩熟，以致经不起业务部门的挑战，没有树立起专家形象。

组织向 HR 要什么

要对 HR 的角色进行重新定义并非易事，在这个敏感的领域内也很难哗众取宠（因为很容易遭遇"炮轰"）。

如今，人力资源部和 HR 的职能应该是"要么上天，要么入地"。"上天"指走向设计企业平台游戏规则和操盘整体绩效；"入地"是指贴近团队和个人，提供绩效提升的辅助咨询、教练服务。这种变化的关键是，过去 HR 被认为是战略执行和变革推动的助推者，需要引导直线经理去实现某些目的，而现在，我们就是变革本身。我们设计变革、领导变革、推动变革，通过组织变革全过程来让"人人都是自己的 CEO"，让战略自动实现高效落地。

当企业平台化、员工创客化，HR 的工作应该有所不同。调薪、下文件、办社保、讲课等事务性工作，会由大量的外包商甚至 App 来接管。HR 再也不能用这些工作来主张自己的价值了，因为有人比你干得更快、更好、更准、更便宜。对于 HR 来说，一个更明智的选择是，让这些工作见鬼去吧！我们必须有所改变了。

那么，对于以前老派 HR 坚持的通过与员工交互建立个人联系，是不是应该坚持呢？这个疑点需要澄清：那部分"上天"的 HR，应该通晓人性，但不应该过度地建立与员工的个人联系，因为这样有可能形成裁判员与运动员过于亲密的"瓜田李下"。我们应该将自己对于人性的理解，以企业的价值观为坐标，进行精致的制度设计，用制度去包容千人千面的人性。那部分"入地"的 HR，应该通晓人性，也应该建立和直线经理之间的亲密关系，这样能够帮助他们更好地融入业务。

事实上，当这类 HR 以 BP 的形式进入一个业务单元，就已经成为一个创业团队的核心成员，创业者团队之间又怎么能没有人际连接呢？

如果上面重新定义的 HR 角色有一定道理，那么人力资源管理的若干传统就有可能走向义无反顾的变革。这里面，对于 HR 的团队和个体来说，可能存在三个直接的挑战：

挑战一：如何设计 HR 团队？

尤里奇教授的四角色模型是通过三支柱团队结构⊖来实现的，即人力资源团队分为人力资源专家中心（center of expertise，COE）、共享服务中心（share service center，SSC）、人力资源业务伙伴（human resources business partner，HRBP）。如果按照新的四角色模型，传统三支柱显然会有所变化。事实上，若干转型为平台型组织的企业内的 HR 团队都会出现"大迁徙"，后台的 COE 和 SSC 会更加精简而强大，大量 HR 投入前台 BP 的队伍里。

挑战二：如何联动周边职能？

考虑上面对于 HR 能力的全新要求，我们需要的这种能力也许根本就不是人力资源部一个部门可以提供的。无论是制度设计，还是市场干预，抑或是资源池建设，都需要综合的能力，财务、战略、法务等职能都可能牵涉其中。例如，在设计市场规则时，如果没有财务部门的支持，根本无法确认激励政策可以参考经营业绩。再如，在实施

⊖ 从严格意义上讲，尤里奇并未明确提出三支柱的概念，只是在不同著作中提到了专家中心、共享服务中心、业务伙伴，但实践者们按照这个方向进行了探索并形成了归纳总结。

市场干预时，需要从战略维度计量战略损益（而非仅仅计量经营损益），没有战略部门来提供界定，HR又是在孤掌难鸣。所以，如果一个HR无法调动诸多的资源，就可能需要与其他职能部门形成联盟。

挑战三：如何迭代HR能力？

尤里奇教授的四角色模型已经对当时的HR的能力提出了极高的要求。从严格意义上讲，如果用他的标准来衡量现有的从业者，一大半都可能会达不到标准。但新的四角色模型，完全是被平台型组织的转型倒逼出来的需求，其抛开了HR的现状，可能是一个更难以企及的目标。在我辅导的一个转型为平台型组织的企业里，人力资源副总裁直言，在新的组织模式下，他们的能力素质模型需要"彻底颠覆"。

需要提醒HR的是，一个更大的冲击可能即将来临——未来的人力资源管理工作并不一定由一个中心化的人力资源部来完成，而是依然遵循互联网时代的"分布式"规律，由各类部门，甚至由员工在平台提供的游戏规则和赋能工具下自己联合完成。所以，HR不仅要追求在表面上的影响力，而是要追求充当"操盘手"的快感。

当然，在这个转型过程中，HR也可能会陷入一些困顿。如果你看到绩效管理由财务部或IT部门来完成，一定不要奇怪。这种局面会为HR的工作带来诸多的竞争者，同时也会为HR提供介入其他专业的机会，这必然会产生大量的"全能人才"。在平台型组织上，小的经营体们并不需要分工明细的管理，这样的交易成本太高了，他们需要一个接口来对接一站式解决方案。所以，未来，管理必然将由专业化分工时代进入合工时代。当然，具体是不是由HR来领导后台职能系统，那就要看我们的本事了！

第二节

重构 HR 三支柱

20 世纪 90 年代，面对各界对于人力资源部门价值的诸多质疑，尤里奇教授提出了 HR 四角色模型进行回应。在阐述四角色模型的同时，他也提到了人力资源业务伙伴和共享服务中心等概念，开始撼动人力资源团队的传统组织构架。这些理念被总结为"三支柱模型"，并被大量的企业实践，成为 HR 维护职业尊严的最后阵地。

在现实中，大量企业运用的三支柱模型依然存在"空有其表"的嫌疑，对于人力资源部门的诟病依然大量存在，甚至愈演愈烈。2005 年，基思·哈蒙兹（Keith H. Hammonds）在《快公司》杂志㊀上发表了《我们为什么恨 HR》，将 HR 形容为"一股黑暗的官僚主义势力"，并认为 HR 很少能够真正做到尤里奇主张的四个角色。2014 年，被誉为世界第一咨询师的拉姆·查兰甚至提出"分拆人力资源部门"的观点，再次炮轰人力资源部。尽管尤里奇教授第一时间进行了反驳，强调人力资源工作的专业性，但其三支柱模型似乎并不能解这个围。

其实，"不打仗"的后台职能部门被诟病本来就是常态，同样的诟病放到财务部也不为过。道理很简单，商业世界逻辑迭代，作为后台职能部门，通常都是后知后觉、"被动进化"的。当然，如果我们拥有了业务视角，我们似乎可以提前思考点什么。

㊀ 美国最具影响力的商业杂志之一。

三支柱为何空有其表

在尤里奇教授三支柱理念[一]的影响下,IBM 从 20 世纪 90 年代开始进行探索,并在 2007 年正式提出了三支柱模型(见图 4-3)。

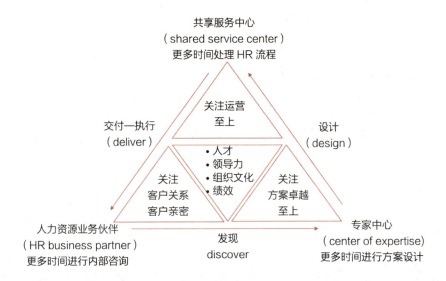

图 4-3 人力资源管理团队的三支柱模型

- ◎ "专家中心"(center of expertise,COE)负责基于公司战略制定人力资源战略,形成人力资源政策导向,并推动组织和人力资源层面的创新。
- ◎ "共享服务中心"(shared service center,SSC)对事务性工作技术进行集约处理,将烦琐的人力资源流程变成标准化、自助化甚至信息化的产品。

㊀ 值得一提的是,尤里奇教授仅仅提到了一些设想,但并未明确提出三支柱模型。

◎ "人力资源业务伙伴"（human resource business partner，HRBP）由总部派出，下沉业务单元，基于专家中心提供的政策导向和方法论，与业务单元的直线经理协同作战，提供本地化的人力资源管理。

感谢尤里奇的理论和 IBM 等先行者的实践，这个前瞻性的设想改变了高高在上的 HR，无数 HR 作为业务伙伴（BP）开始下沉到业务中，成为连接业务需求与人力资源政策的桥梁。

但是，这样的调整有效吗？

不妨看看隔壁的财务部。早在 20 世纪 80 年代，福特就已经建立了全球第一个财务共享中心，将财务部拆成了类似三支柱的形态。其中，财务中部形成了类似专家中心（称为管理会计职能）和共享服务中心的职能划分，另外一些财务人员则作为"委派人员"进入各个业务单元。在尤里奇教授第一次提出三支柱模型的 90 年代，财务部门的拆分已经让人眼花缭乱。㊀

这种拆分的结果如何？几乎和人力资源职能拆分之后的遭遇一模一样。一方面，共享服务中心通过业务流集约，的确实现了对于常规业务的规模处理，提高了效率，降低了成本，上了"天堂"；另一方面，专家中心和业务伙伴（委派财务）则被推到了"炼狱"。由于两种财务人员都需要切换到经营思维（财务上称为管理会计），而大多数专家中

㊀ 1984 年，通用电气在北美建立并实施了同样功能的财务服务操作中心（FSO）；20 世纪 80 年代后期，杜邦和 DEC 公司（digital equipment corporation）建立了财务共享服务中心。所以，另一个说法是，三支柱模型是基于财务部门的类似实践。基于我的观察，尤里奇的理论和财务部门的实践对于三支柱模型的提出都产生了一定的影响。

心的财务人员依然充当顶层秩序管控者，大多数业务伙伴的财务人员依然充当政策警察，这引发了高管层和业务部门的强烈不满。于是，不能适应的人员大量离开，业界经历了一次残酷的洗牌。

这样的场景是不是似曾相识？将人力资源职能拆分成三支柱，遇到的问题几乎是一模一样的。

为什么两个群体在转型上都举步维艰呢？我曾为此多次与担任CFO和CHO职位的朋友就他们领域内的转型进行探讨。CFO们说："三支柱要求专家和派遣财务人员懂业务、懂生意，不是光看报表就可以的。"言下之意，核算会计和管理会计之间看似水到渠成，实则天渊之别。传统的HR和推动经营的HR之间也存在天堑，好比驾驶马车和机动车之间的区别。

CHO们的表述非常相似。他们认为，三支柱模型要求专家中心上承战略，人力资源业务伙伴下接业务，天然就对HR素质提出了极高的要求。如果不懂业务，不懂生意（经营），HR就会无所适从。有意思的是HR的抱怨，一旦你要求他们懂得业务和生意，人家会反问一句："我要是懂得这么多，我为什么不去当CEO？"

其实，能力天堑可能只是表面现象，更深层的问题还在组织模式上。在工业经济时代的金字塔组织中，专家中心更像是一个权力机构，不断出台政策来"定调子"；业务伙伴就相当于一个派出的特务机构或政策警察，根本没有兴趣，也无法赢得直线经理的信任。只要是金字塔组织，这种关系就无法改变，专家中心必然是官僚立场，业务伙伴也必然是钦差大臣⊖。尽管不满其运作水平，但这种现状始终是老板可

⊖ 有的企业干脆让BP直接向直线经理汇报，结果，BP又被"策反"了。

以接受的○。所以，尽管 IBM 的模型相当合理，但在现实中的应用出现了扭曲。在互联网时代，企业需要贴近市场才能生存，组织模式必然或多或少地走向平台型组织。此时，老板就真的需要组织足够灵活，他们对于人力资源管理团队的运作水平就会突然产生大量抱怨。在他们眼中，人力资源管理团队（也包括财务团队）把持资源，不懂战略，不接地气，往往就是干扰一线作战的最大阻力。

所以，时代对 HR 转型的呼唤可能是个"诅咒"：一方面，这必然挑战 HR 能力的上限；另一方面，如果 HR 不能主动推动组织变革（没有发现 HR 就应该是变革本身），就必然在出现"在冰面上行走"的失控状态，而老板们的抱怨即将达到"临界值"。拉姆·查兰激进的观点，不过是帮老板们代言罢了。

人力资源管理团队运作新理念

显然，仅仅是三支柱的形态已经不能确保 HR 上承战略，下接业务。在企业向平台型组织转型的背景下，三支柱模型的运作理念应该有所变化。换句话说，三个部分依然存在，但它们相互之间的关系需要有所变化。

需求侧拉动

在以前的金字塔组织里，专家中心推动业务伙伴，而在现在的平台型组织里，显然需要业务伙伴来拉动专家中心。业务伙伴不再作为

○ 部分 HR 甚至会认为，领导总会批评人，多批评我们两句，是关心。

专家中心政策的执行者，而是洞察一线的诉求，在政策框架内为业务部门提供解决方案。政策并不是来自专家中心的闭门造车，而是来自业务伙伴的直接洞察。这确保了顶层的政策一直处于快速迭代中，能够完全贴合业务场景。从这个意义上说，业务伙伴是听得见炮火的人，他们实际上充当了"指挥者"的角色，专家中心则是"支持者"。

有时，业务伙伴不仅仅是信息的回传者，还会带着需求信息回到专家中心，与专家中心组成联合团队一起对政策进行研究。完成研究后，他们又会带着成果去执行。这样就确保了需求从客户（指业务部门）端来，又回到客户端去，业务伙伴全程穿越分工，实现了"端到端"的交付。

奉行"以客户为中心"理念的华为，就是这种思路的实践者。华为选择优秀的业务主管转型 HRBP，确保他们能够充分理解业务需求，再基于 COE 和 SSC 的平台支持，提供精准的"端到端"的解决方案。

平台化支撑

以前的专家中心更多的是作为政策制定者，而以前的共享服务中心更多的是作为提升人力资源基础工作效率的存在。所以，他们对于业务伙伴赋能业务的支撑是不足的，这也造成了若干业务伙伴只能更多地依靠自己的能力去解决问题。而在互联网时代，在平台型组织里，专家中心和共享服务中心将各自分工，进行相应的基础资源建设。

为了匹配平台型组织的逻辑，人力资源团队应该在本领域内重视平台搭建。具体来说，一是要做好一体化的数据底层，二是要做好资源池。数据呈现了业务、人、财等资源的运作状态，是进行人力资源管理的基础，而人才、知识、激励筹码等各类资源的储备，确保了不仅能够为业务配置合理人才，还能为其配置方法论或激活动机。基于这类"平台化支撑"，业务伙伴们当然能够更有把握地影响业务。而且，这种模式相当于把资源都放到了"云端"进行共享，每个一线的业务伙伴都仅仅是一个调用资源的本地执行"终端"，不管其个人水平如何，都能确保基础的赋能输出。

集成式交付

人力资源团队的分工形成了明显的"专业墙"，大家各管一摊，互不干扰。从人力资源管理的体系上说，历来存在选、用、育、留、出或五大（六大）模块之说。每个模块都有其"套路"，而且每种套路还有越来越复杂的趋势，复杂到可以把教材越出越厚，复杂到在不同的模块内会出现不同的模型，复杂到最后老板也不知道这个模块的功能究竟是什么……老板需要的不是专业，而是结果。说极端一点，专业本身没有价值，能带来结果的解决方案才有价值。

在实践中，HR 也逐渐认识到，单一的模块（如薪酬、绩效、培训）不仅无法实现整体的人力资源效能提升，甚至在局部也失去了明显的作用。在大量的组织中，这些模块成为维护秩序但无法解决问题、带来惊喜的平庸功能。其实，在复杂的经营环境中，企业面临的问题都深入骨髓，又怎么可能用简单的一个功能模块来作为答案。例如，要提升员工的敬业度，传统做法无非是在文化模块上进行价值观宣导，而现在的做法，可能要剖析敬业度低下的原因，然后可能要调组织、调激励、调配置、调培训……只有这样才能在一个企业需要的时间窗内实现"端到端"的交付。

跨越若干的功能模块，组合成解决方案实现交付的工作模式，就是"集成"（integrating）。"集成"作为一种组织内外的协作模式，早已大名鼎鼎。华为凭借从 IBM 导入的集成产品研发系统（integrated product development，IPD）、集成供应链管理系统（integrated supply chain，ISC）等武器，成为业界标杆。当下，不少企业也开始在后台职能上采用集成方式。例如，IBM 将擅长的"集成"理念运用在人才供应链上，让这条供应链涵盖了从人才规划、人员获取、人员成长、人员流动等人才成长全生命周期的职能，其目的是交付一个人才管理的一站式解决方案。

人力资源管理三支柱重组进化

当三支柱的整体运作理念发生了变化，每根支柱的形态自然也需要进化（见图 4-4）。不仅如此，这些进化还要能够支持前面所谈到的"人力资源管理新四角色模型"。

专家中心走向"小机构"

专家中心对应前面"守夜人政府"和"全能政府"的角色。这个支柱以后会是"小机构"，几个数据分析师加上一个一体化的信息系统就能够满足需求。充当"守夜人政府"，意味着专家中心无须事无巨细地下发一个又一个的政策，而是应该基于平台型组织的理念，进行激励、孵化、收割、风控等市场化制度（机制）的设计。充当"全能政府"，则意味着高度关注组织能力的持续发展，在市场失灵的地方履行干预市场的职责。

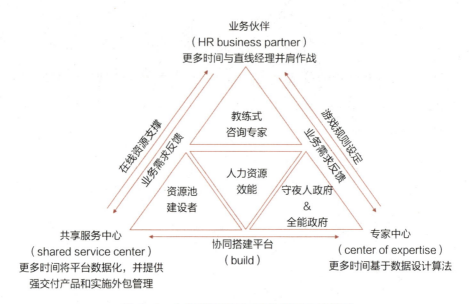

图4-4 人力资源管理团队的新三支柱模型

资料来源：穆胜企业管理咨询事务所。

从这个角度来看，专家中心未来的主要工作就是设计"算法"，这是市场化制度和干预政策出台的基础。在此举一个干预政策出台的例子，我辅导的某家千亿级营业收入规模的企业，人力资源部门一直受困于对手挖猎自己的顶级人才，但由于这个人才库的规模过大，又无法实现有效监控，于是，我向他们建议了一个名为"核心员工离职可能性指数"的模型，通过是否参与集体活动、出勤率变化、加班率变化等自变量来预测离职可能性。这让他们能够精准筛选出最有离职倾向的核心人才，并进行定向挽留，大大降低了这部分人才的离职率。

共享服务中心走向"聚数据＋泛外包＋强交付"

共享服务中心对应前面"资源池建设者"的角色。这个支柱最大的任务是建立一个数据化的平台底层。平台型组织如果实现了最大程度的数据化，各类人力资源流程就具备了 SOP，就可以最大限度地通过在线化实现效率提升。不仅如此，如果专家中心不具备共享服务中心的此类支持，他们也将寸步难行。

在数据方面，有两类数据急待补充：一方面是员工数据。当前，除了员工基础数据之外，电子化人力资源管理系统对于其能力特征描述的信息还很缺乏；另一方面是工作流数据。现状是，大量企业的电子化人力资源管理系统都是独立于工作流系统之外的，基本就是一个员工数据形成的"数据孤岛"。

当我们对于"人"和"工作"都不了解，连"谁干了什么，干得怎样"都不了解时，我们自然不能够提供有效推动业务的解决方案。反之，当我们能够了解这一切，配合一些平台的资源注入时，我们就能让人有意愿干（激励），让人有能力干（赋能），自然就能够精准地影响业务。海尔全球增值系统（global value systems，GVS）就是一个一体化的管理信息系统，其对于小微㊀的业绩可以实现 $t+1$ 天的显示，这确保了平台精准释放激励和给予赋能。没有这些，平台与小微之间的联系则会断裂，其重要性可见一斑。

在数据平台建立之后，共享服务中心又有两大趋势：

一是泛外包。在传统的模式中，这个支柱是要被放在企业内部的，

㊀ 海尔平台上拥有财权、用人权、决策权，可以实现自主经营的小团队。

但是，互联网将若干程序化的事宜变得异常简单，以 SaaS 形式出现的互联网产品完全可以满足此类需求。事实上，钉钉、纷享销客这样的外部 App 已经深度介入企业的内部管理，提供了若干的在线服务方案。这个趋势在未来还会被放大。

二是强交付。有的互联网企业，由于人力资源流程极度在线化，共享服务中心还有新的突破。腾讯将共享服务中心升级为共享交付中心（shared delivery center，SDC），基于在线能力主动向业务部门交付方案。其"人才早市"通过海量筛选简历的算法，向具有紧急需求的部门推荐人才，提升了配置效率。另一个名为"移动伯乐"的产品，通过各类场景发现人才，上传到云端，实现了人才标签化基础上的精准配置，据称，这个渠道招聘的人才占据了腾讯所有人才的 46%。

业务伙伴走向"多分支"

业务伙伴对应"教练式咨询专家"的角色。这个支柱的显著变化是，业务伙伴的队伍会越来越大，分支会越来越多，运作层面会越来越下沉。他们与业务部门并肩作战，甚至在利益上也是共同劣后的。

所谓"并肩作战"有以下两层含义。

第一，人力资源工作与业务的贴合程度极高。在业务迅速变化的过程中，业务伙伴需要提供"动态解决方案"。这种服务必须足够"绿色插件化"，在不耗费大量组织资源的同时，能够即插即用、迅速见效，交付要求相当高。所以，这一方面不仅要求专家中心和共享服务中心提供平台的基础支持，还要求业务伙伴掌握强大的专业工具，并深度理解业务。

第二，业务伙伴的地位与直线经理相当。阿里巴巴运用中国军队的传统，将业务伙伴命名为"政委"，其中重要的意义就在于明确提示直线经理，政委的地位是与他们相当的。只有政委才能与司令对话，才能充当司令的"教练"和"顾问"。

第三节

重组跨职能联盟

在平台型组织里，HR 团队的三支柱必然有所调整。我们的设想是，让 HR 的运作能够提升人力资源效能，从而真正推动经营。但是，HR 面临的一个问题是，由于专业知识的限制，对于业务和生意的理解难言深度。在这个薄弱的基础上谈推动经营，自然是空中楼阁一样的设想。

也许，我们应该回过头来审视 HR 孤军深入业务的逻辑。如果直线经理们需要的是立竿见影的解决方案，以人力资源管理这个职能掌握的知识和资源，真的能够实现交付吗？现实是，随着经营环境越来越复杂，直线经理的要求越来越高，HR 即使使出洪荒之力，也依然在追赶需求的尾巴。

不妨大胆设想，如果 HR 无法孤军作战，能否在企业内找到盟友？而当人力资源职能开始与其他后台职能出现融合，又会产生什么样的化学反应？

后台职能之殇

托马斯·斯图尔特、基思·哈蒙兹、拉姆·查兰对人力资源职能一次又一次地抱怨，足见 HR 的生存环境是如何水深火热。事实上，这种抱怨也同样发生在财务人员身上，连抱怨的内容几乎都一模一样。不同在于，一部分财务人员还真通过自我提升实现了自我救赎。现实中，财务人员走到 CEO 岗位的例子随处可见，但对于 HR 来说，人力资源总监（chief HR officer，CHO）似乎就是职业生涯的天花板了。

这是为什么呢？不难发现，财务人员在"懂业务"和"懂生意"上更具天然优势，这种优势可能是 HR 天然不具备的。

感性一点，不妨思考一下日常的工作场景。设想一下，老板只有 5 分钟的时间，5 分钟之后马上需要出发赶往机场，否则就会耽误重要行程。此时，一位 CHO 和一位 CFO 同时有"要事"向老板汇报，不考虑特殊情况，老板会选择先听谁的？答案显而易见，老板先验性地认为，CFO 那里更可能会有急事。也就是说，在他们的心中，财务是更重要的职能。

回归理性，不妨再借用一个经典的管理工具——平衡计分卡。财务维度是最终产出的结果，而依次往下才是客户维度、流程维度、成长与发展。财务部门似乎与财务维度最有关联，人力资源部则对成长与发展维度负责。毫无疑问，老板最关心财务结果。你说成长与发展维度是基石，没错，但老板都是现实主义者，往往习惯先关注结果，再关注基石。

前面已经提到，财务部门更早形成了三支柱的团队结构，但大量企业依然没有实现预期的效果。在这个方面，他们与 HR 似乎是难兄难弟。那么，基于上面提到的专业上先天的"优势地位"，他们是不是能够脱颖而出呢？

其实，财务人员的真实境遇可能并没有那么好。他们也一直希望成为温控器而不是温度计，所以，除了呈现经营结果，他们一直希望能够更深层次地影响经营结果。但要插入影响业务何其艰难？越往下走，他们越会发现自己已深入 HR 的领域。所以，管理会计中才会有一个最重要的分支叫作问题"责任会计"，探讨的正是如何将经营责任下沉到最小的业务单元。想想，这和现在组织转型中提到的激活个体、让人人都是自己的 CEO，有什么区别？

同样，HR 嘴上不说（说出来风险太大），但也希望带来经营结果。他们对人员进行招聘、任用、培养、考核激励，正是希望每个人都有机会干、有能力干、有意愿干，这样的结果自然就是经营业绩的提升。所以，HR 大多会感叹：绩效管理是人力资源管理中的"圣杯"，因为这才是最接近生意结果的。

财务人员解决了"责任会计"问题了吗？没有。HR 解决了"绩效管理"问题了吗？也没有。至今，这两个领域依然是这两个职能最大的短板，当然，也可能是最大的机会。于是，大家遥望对岸的彼此，偶尔觉得触手可及，但似乎又永远遥不可及。

财务职能和人力资源职能之间相隔了什么？回到平衡计分卡，其实，相隔的就是"客户维度"和"流程维度"，前者与生意有关，后者与业务有关。要两类人员懂生意和懂业务，实际上就是要他们把平衡计分卡的逻辑打通，的确，这是对于 CEO 的要求。

合不合理？回到生意的逻辑，只要出价合理，那么这个要求就合理。2017年至2018年上半年，我已经接触到三家企业对于HRD以上的职位给出了1000万元以上的年薪。这还不够？钱，企业愿意出，但HR能迎难而上，匹配企业的要求吗？

后台职能联盟设想

在"责任会计"和"绩效管理"上有所作为也许仅仅是部分财务人员和HR的野心。不得不承认的是，即使这样的野心没有实现，财务人员和HR在过去很长一段时间里也依然拥有足够的生存空间。

但如果企业或多或少会走向平台型组织，它们就不得不面对这种挑战。这意味着企业必须赋予一线业务部门更多的三权，如此一来，"失控"就成为一个巨大的风险。此时，老板们就迫切需要一种解决方案，让他们对一线业务部门进行有效"激励"和"赋能"。再具象化一点，老板为了更好地匹配市场需求，愿意让渡一些权力给一线，让组织更加灵活。但是，他们需要确保事情能做成（做大蛋糕，即赋能），钱能够分得合理（分好蛋糕，即激励）。显然，此时的企业，更像一个风险投资机构。

在以前的金字塔组织里，后台职能部门名义上也有类似职责，但实际上只需要做好管控。当然，人力资源部看似与此类职责更加对口，但我们的表现略显尴尬。

一方面，激励陷入僵局。在薪酬管理上，绩效薪酬平均占员工工资性收入的40%左右，如果加上津贴福利等固定薪酬，浮动薪酬的比例还会进一步下降。所谓全面薪酬中能给到的更多激励，如良好的工作环境、和谐的上下级关系、有挑战的工作内容，其激励性并不如浮动薪酬那样明显。进一步来看，在绩效管理上，HR 紧盯事业部、团队、个人职责，用 KPI 进行僵化的考核，而这些 KPI 与经营结果之间并没有多大关系。根据穆胜事务所对几十家样本企业绩效考核模式的调研，其"激励真实指数"均在 5% 以下，即每个人的绩效总分中，只有 5% 的部分在变动。绩效考核更多只是"走走形式，平均打分"，这个"圣杯"不好拿。联想到 40% 的绩效工资中只有 5% 的变动部分，实际浮动薪酬占工资性收入的 2% 左右，是一种超级"弱激励"，难怪陷入僵局。

另一方面，赋能交付无力。 HR 习惯默认选、用、育、留、出会带来经营业绩的提升，但说不清楚贡献路径。当业务部门充满野心要开展业务时，人才不足往往是最大的问题。想要通过培训来升级人才水平，传统培训工作又不能满足需求。HR 强调自己在固本强基，业务部门和老板却早已厌倦了这一套说辞。

不懂生意、远离业务，导致 HR 陷在专业的迷宫里，无法产生直接的业务影响。再说明白一点，HR 习惯于影响人，而不能将对于人的影响延伸到财务和战略的层面，所谓的努力，更多的像是曲高和寡的独舞。这种僵局几乎进入了恶性循环：HR 越是被质疑，就越想做几个所谓的专业模型来傍身，但越是满口专业模型，就越脱离了生意和业务的需要。现实是，如果需要实现前面所说的人力资源资本化、人才精准输送等状态，仅仅凭借人力资源职能一己之力，本来就是异想天开。

老板们可没那么僵化。事实上，在业界尚且处于探索中的平台型组织里，老板把后台职能部门放到了同一条起跑线上，希望它们各显其能，谁能够有效推动经营，谁就将成为老板倚重的"杀器"。

所以，这个时代会出现职能部门之间的诸多"跨界"，而 HR 所谓的专业壁垒，根本守不住城池。至今为止，已经有太多的场景：有的企业绩效管理是由财务部来计算的；有的企业流程再造是由 IT 部门来推动的；有的企业深感 HR 不给力，于是从业务部门调一个业务高手过来；更多的企业 HRVP 直接向 CFO 汇报……人力资源管理的领域像公海一样被人随意进入，任意肆掠。正如拉姆·查兰曾所言："HR 的未来会无限美好"。但他的后半句话是："如果他们不做，别人会做。"

最先想到的是与财务部形成联盟。一度挑战人力资源部的拉姆·查兰又于 2015 年在《哈佛商业评论》上与合作者联合发表了《从决策辅助者到决策制定者——CHRO 新角色》，提出 "G3" 的概念，认为 CHO 和 CFO 应该成为 CEO 的左膀右臂，成为更大的价值创造者。尽管他们的建议大多尚未跳出人力资源传统工作的职责范畴，但将财务资源和人力资源的分配放到一个逻辑中，已经是巨大的进步。㊀

仔细分析就会发现，财务和人力资源两大职能简直是"天作之合"。财务人员的"现状"是什么？他们可以通过报表把一门生意分析得非常清楚，但对于如何改进难以下手。就激励来说，谁来做，怎么做？如何把激励落到部门？如何把激励落到个人？现实是，切分业务单元也不是他们的特长，玩激励不是他们的特长，他们更多地擅长整

㊀ 查兰和合作者认为，他们提到的部分内容看似属于 CHRO 的官场工作范畴，但令大多数 CEO 失望的是，这些内容正是实践缺失的。

体生意逻辑。但数字的背后都是人，如果人动不起来的话，一切都是空谈。他们有的，正是 HR 缺的，他们缺的，正是 HR 有的。

进一步看，这样的财务和人力的组合难道就够了吗？在对业务单元做激励时，需不需要战略、市场等部门的专业？这些职能难道不应该融入这个联盟？

在未来的平台型组织里，我们可能需要企业提供一个利益共同体的激励机制，也需要企业提供一套协同作战的方法论。针对前者，联盟里的主要后台职能应该均以业务伙伴的形式派驻到一线，与业务部门共同劣后。针对后者，平台型组织的后台职能部门应该转型为前面提到的"风险投资机构"，共同实现人力资源资本化。所以，后台职能联盟的主要任务可能是"投资评估"和"投后管理"。

后台联盟的实践

这种趋势已经开始萌芽，还有愈演愈烈之势。

海尔给出了一个极好的标杆案例。它使财务、人力、法务、战略、IT 五个部门分别派出业务伙伴（BP），组成了一个叫作"三自"⊖的中台部门，一起协同实现对于前台的影响。该部门的主要工作就是"投资评估"和"投后管理"。

不要小看了这些 BP 的威力，他们相当于一个小型的咨询公司，拥有各方面的专业人才。他们还具备后台专家中心配置的各种"使能器"，如业务部门的商业计划书模板（宙斯模型），又如核算战略损益

⊖ 意为这个机构能推动小微实现自创业、自组织、自驱动。

的模板（顾客价值表和共赢增值表），再如，兑现考核的模板（二维点阵）等。所以，当海尔运用人单合一的机制，将"三自"的利益强制绑定在前台小微的身上时，他们不仅可以决定小微是否可以开始运作，配置什么资源，配置什么样的激励方案，还会伴随小微成长，给予各种赋能方案，提供"教练式影响"。

企业的满意在于自己的投资决策效率更高了，而小微们的满意在于它们身边多了一个无所不能的"高参"，有人帮你分析报表，有人帮你制定市场策略，有人帮你优化团队管理，有人帮你抓取数据……

我们谈到平台型组织是要把后台做成风险投资机构，那么，在真正的风险投资机构里，是不是也有此类趋势呢？联想控股和复星国际是两家大型投资控股公司，由于平台化，它们的企业相当轻量化，业务部门就是平台上那些"被投企业"。在联想控股，战略投资部从事资产投资和投后管理的主力业务部门，部门内部下设人力资源顾问团队。这个团队相当于一个内部的咨询公司，从事投资时负责人力资源方面的尽职调查（投资评估），投资后则提供人力资源咨询服务（投后管理）。在复星国际，战略投资部设在人力资源部之下，主要任务是从外部引入团队（投资评估），并快速孵化新的业务（投后管理）。后台职能部门之间，你中有我，我中有你，做的事情依然绕不出投资评估和投后管理。

近年来，穆胜事务所一直在推动企业转型为平台型组织。在若干亲历的项目中，我们充分感受到了这种协同作战的威力。下面举一个"投资评估"领域的例子。

某制造企业找出了几个试点项目来进行组织变革的尝试，即在下放经营权的同时，让项目成员的收益与其经营结果高度关联。说直接一点，项目成员们的固定薪酬被降到最低，浮动薪酬被拉到最大，而且随市场上战果的情况随时波动。

为了有效监控项目的经营，我们对标海尔的做法，将职能部门中的人力、财务、战略三大职能组成了一个类似投资管理部的联合体，直接为项目拟定指标。按理说，这个指标应该是老板对于这门生意的要求。但是，老板又怎么可能是这种多面手。

于是，有意思的情况发生了。老板说："对于这门生意（项目所从事的），我要求毛利达到3000万元，其他我都不看。"财务马上提出异议："老板，如果项目拼命做大库存来形成高毛利，这种毛利您是否还需要？如果项目提前释放下一个经营年度的需求来做高毛利，这种毛利您是否还需要？如果……"一连串的问题让老板思索，也让老板抛出了一个问题："可能我考虑得不太周到，但你们有没有好的建议呢？"

财务人员马上想到要把一组完美的指标定出来。但老板接着发问："这个总体上的指标组没问题，但你们如何让项目主认可，又如何把这些指标下沉到每个项目成员身上？"

当他们尝试用这个指标组与项目经理们沟通时，项目经理们不干了，直呼"鞭打快牛"，不仅不认可老板拍脑袋拍出来的毛利数据，也不认可财务人员拍脑袋拍出来的指标组。他们也提出了一个看似积极的建议，要认可这些指标可以，那就必须加大投入，要给人员编制、给人工成本、给预算。轮到财务人员卡壳了，他们能做出生意的大数，但就是不能把经营责任落到"人"身上。

还得依靠 HR。他们给出了一套方案：一方面，在历史的五年数据中取到前 20 分位（P80）的效能数据作为基础，根据项目认领的业绩承诺，反推出人数编制和人工成本的配置作为红线；另一方面，根据职责分工，将整体业绩下沉分解到每个成员身上，锁死每位成员的"交付"。当然，项目成员承担风险的能力和偏好是不一样的，他们又使用一个分配的政策杠杆，诱引项目成员们承接更高的目标以获取更高的收益。这里的政策杠杆是不会吃掉预算的，溢出预算的部分都是来自项目形成的超利，相当于"自挣自花"。

谈到这里，老板满意了，他没有想到的是财务和人力双剑合璧，居然有这么好的效果。到了最后，老板又礼貌性地问了问剩下那位战略部小伙子的想法。战略部的小伙子笑了笑："我对于两位的方法都没有质疑，但对于如何为公司扩展地盘、守住地盘，我还有不同的想法呢……"原来，人家对于项目的市场战略本来就有异议，偏偏还说得头头是道。有了他们的专业，客户维度的疑惑好像明朗了，于是，财务、战略、人力重新协作，在最可行的市场策略下，将生意逻辑分解到了人力单位。老板再次惊喜。

在这一过程中，HR 显然是强力的黏合剂。有意思的是，在大家的协同下，最后将每个项目成员成绩的目标加总起来，项目的业绩目标居然超过了老板原定大数的 15%。换句话说，即使有一部分人不能完成业绩承诺，使项目达到老板的大数据要求，依然是可能的。这相当于做出了一个可管理的"缓冲带"，绝对是投资机构级别的操作方法。

第四节

刷新 HR 能力

尽管可以依赖联盟之力,但 HR 置身于一个跨界组合中,如果没有超强的个人能力,又如何能够协同作战并闪耀光芒呢?

从 HR 的成长路径来看,大概分为两条:一是科班出身,接受过人力资源管理系统教育,然后顺理成章走向 HR 岗位;二是半路出家,并无扎实的人力资源管理专业知识,但有过业务部门工作经验,因为某种原因转型为 HR。两种路径形成了两种先天不足,前者缺乏对于业务的理解,后者缺乏对于专业的理解。

即使懂一些业务,有一些专业,HR 的发展还有一层天花板——对于生意的理解。这又源自一个业界陋习——故步自封。太多的 HR 喜欢标识自己的身份,说着自己的一套专业逻辑,想象着老板和业务部门的需求,一条路走到黑地提供传统选、用、育、留的方案。他们完全没有看到一个更加"高维"的世界,尝试去影响生意。再说形象一点,把自己困在专业里的 HR,上不承战略,下不接业务,在自己修建的王国里怡然自得,成为互联网时代企业转型升级的最大堵点之一(另一个可能是财务)。

那么,在这个时代里,我们究竟需要具备哪些素质的 HR 呢?下面这个模型可能会得出答案(见图 4-5)。

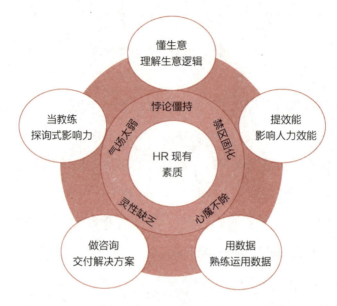

图 4-5 互联网时代 HR 的素质模型与进化障碍

资料来源：穆胜企业管理咨询事务所。

懂生意：理解生意逻辑

◎ 能够与经营者们（老板和其他高管）就生意进行对话，能够理解财务的基本逻辑，并且对于研发、采购、生产、市场等业务领域（生意的子系统）如何形成财务贡献也有一定理解。

这个素质维度一定不是 HR 能力素质中的"必要条件"，但它决定了一个 HR 的发展上限。老板们关注的是生意，而要与各个业务条线的负责人进行对话，甚至深入基层影响直线经理，都必须掌握财务逻辑的语言。否则，HR 很容易掉入各个业务条线和基层场景里，被人家牵着鼻子走。

我们在接触诸多 HR 高层时，很容易发现他们与普通 HR 的视野明显不同。一般 HR 关注的都是选、用、育、留，而 HR 高层的眼中有"生意"；普通 HR 认为选、用、育、留就是目的，而 HR 高层通常认为选、用、育、留是过程，生意才是目的。

为什么会出现这种天壤之别呢？道理很简单。当 HR 进入高层，能够参与经营的讨论时，他们接触的信息量和在人力资源专业王国里是根本不同的。这种区别有点像从小城市到大城市发展，从国内到国外留学前后形成的认识差异。

再说实际一点，选、用、育、留有点像功夫招式，练得再熟，也必须在实战中调整才能发挥作用。HR 日常运行选、用、育、留就像在校场练武，舞动得虎虎生威，自己满头大汗，也可能根本没有任何价值。但是，HR 一旦开始思考如何推动经营了，他们就进入了实战，每一个招式都必须最具实战价值。他们会反向审视"招式"在"实战"中的价值，让人力资源管理的标准套路变成企业经营场景中的解决方案。

这个素质维度无法突破，原因在于一个有点讽刺的"悖论"。HR 只要不到高层，就不会有推动经营的压力，他们更愿意停留在自己的舒适区里，挥舞选、用、育、留的招式，也正因为如此，他们永远无法进入高层，而当他们停留在普通 HR 的职级上，他们又会抱怨是因为自己无法进入高层，才无法实现对于经营的影响，于是，依然挥舞选、用、育、留的招式。

提效能：影响人力效能

◎ 理解人力资源效能的输出逻辑，能够搭建人力资源管理体系，使得人力资源上的任何投入（编制、人工成本、时间等）都产出最大化的财务或业务结果。

◎ 基于这种投入产出的逻辑，为企业规划最佳的"投入产出方案"，使得效能输出整体最大化，且符合企业的阶段性要求。

当 HR 具备了对于生意的理解，他们就应该思考如何驱动生意，而他们手上的武器就是人力资源的各类投入。所以，"理解生意逻辑"的素质维度相当于是打开了视野，"影响人力效能"的素质维度则是实战的行动。

形象一点讲，如果把人力资源管理体系看成一辆汽车，具备这种素质的 HR 就是最好的技师，他们能够把这辆车校调到极致。并且，他们应该能基于这辆汽车的设计，为从起点到终点的一段旅途设计加油和行车的方案，使这辆车能够最快地到达终点，且使用最合理的油耗。

HR 如果对自己选、用、育、留的招式进行一一盘点，很容易发现自己深陷其中的不少招式并不能产生实际价值。甚至，不少日常的事务性工作都可以由 App 来接管。如此一来，他们就能够"除冗"和"聚焦"，专注于那些能够产生效能结果的人力资源实践。

有意思的是，这类人力资源实践一定是在深度理解生意的基础上产生的，并且会对选、用、育、留的传统招式有大量调整。而普通 HR

既不能理解生意，也不能突破教条，自然不敢狂言影响人效。所以，当"HR 应该以影响人效来推动经营为己任"的观点被抛出时，大量的 HR 是紧张的。

这个素质维度无法突破，原因在于普通 HR 的活动存在"禁区"。组织构型有四个维度——商业模式、业务流程、组织结构、岗位系统，但 HR 们多半只能在岗位系统上有所影响，其他几个维度则是老板们的地盘，因为其代表了太大的利益。连传统人力资源管理的教材都是这么设计的，第一章一般来说都是"岗位研究"。于是，老板们亲自牵头做商业模式设计、业务流程再造、组织结构调整……而这些恰恰都是最能影响人力资源效能的武器。

用数据：熟练运用数据

- 能够收集到业务、财务、人力资源的基本数据，并建立几类数据之间的逻辑关系，呈现公司整体的人力资源系统运作状态（投入产出状态）。
- 基于对人力资源数据的深耕，呈现出队伍（组织结构和人员）和职能运作状态，并且能够基于这些反馈进行人力资源决策。

HR 应该清楚，在互联网时代，面临不确定的经营环境，企业的运作会更加复杂。而引领这种不确定性的关键就在于将运作变成数据，基于数据寻找规律、设置规则、监控效能。依赖人际关系去润滑组织的老派 HR（old school HR）必然越来越失去地位。道理很简单，这种模式无法在超级复杂的组织中规模化地处理各项人力资源工作。

举例来说，以前要激励一个因为工作压力而士气低落的部门，可能需要 HR 游走于现场，听取一线员工和管理者的声音，再导入员工援助计划项目（employee assistance program，EAP）。但当组织变得更大而有多个部门，每个部门的需求又各有不同时，HR 的脚步根本无法覆盖基层（尽管走入基层的动作不能少）。我们可能更需要依赖于数据分析来解读细分需求，当然，解决方案也会因此各不相同。

HR 当前的问题是过于执着于自己的专业，自然对于周围的数据无感，更何谈将若干数据联动起来进行分析。将人力资源数据联动业务和财务数据进行分析，更多的是在人力效能领域，我们可能不应该对传统 HR 有如此高的要求。但即使我们将标准降低，对于人力资源领域的数据，HR 的分析也乏善可陈。HR 手握大量人力资源相关数据，但在队伍状态和人力资源各类职能（激励、培养、调配）运行上，连一两个有穿透力的算法都没有，这就是业界现状。

这个素质维度无法突破，原因在于普通 HR 自己的"心魔"。 普通 HR 对于数据的恐惧达到了让人惊讶的地步。在我的《数据驱动人力资源效能提升》的课堂上，每当涉及计算的练习时，有一半左右的 HR 不愿意提笔。大家似乎都默认这个专业与数据是绝缘的，久而久之，本来具备的一些数据感觉也退化殆尽了。更严重的是，越是不碰数据，这个专业就越不被看作一门专业，也就越来越得不到业务部门和老板的尊重。而且，人力资源管理专业似乎也变成了收容所，接收的从业者水平越来越差。想想，在互联网时代，如果缺失了数据能力，HR 还能生存吗？

做咨询：交付解决方案

◎ 熟练掌握各类适用工具，并基于业务运行、组织环境和人力资源管理体系设计，对这些工具进行灵活调用，快速生成在本企业内可落地的解决方案。

当 HR 有了经营思维，并且通过数据深入分析了企业人力资源效能生成的过程，找到了效能提升的杠杆，剩下工作就是提供解决方案（solution）了。这意味着 HR 不能再死守以前的套路，而应该以终为始地倒推自己需要做什么。当然，这种素质已经在"提效能"里提及了，这里更强调的是将技术方向变成解决方案的素质。

这种素质必然强调对于工具的掌握，但这仅仅是基础，某些时候对于各种环境的感知更加重要。有时，正因为忽略了某些环境，效能的难题看似有解，实则陷阱丛丛。

例如，某运输企业需要提升劳动生产率（人均产值），这意味着要压缩人员规模。以 HR 的专业来看，很容易想到的是对一线岗位进行缩编。但问题是，运输企业是极其流程化的，而流程经过了若干年的迭代，"水分"已经很少了。形象点说，流程链条上基本是一个萝卜一个坑，你既不能减少流程节点，也不能缩减流程节点上的编制。所以，在这样的技术方向上，缩编没有空间，由于没有考虑业务运行，这不是一个合格的解决方案。

再如，某企业的 HR 想要推行强力的绩效考核方案，但他们没有注意到，这个组织文化底层是平均主义。所以，一旦方案抛出，必然受到大多数人的强烈抵制，失去了改革的势能。

又如，某企业强调对于人才培养采用"干中学"（learning by doing）的模式，但他们没有注意到，由于在招聘时没有强调专业对口，新人们几乎是零基础进入实战，极其容易带来客户的负面反馈。

这个素质维度无法突破，原因在于普通 HR 缺乏"灵性"。 咨询是一个在各种复杂约束条件（环境）下求解的工种，需要特别的"灵性"。换句话说，咨询师应该是"点子大王"。从某种程度上说，这种"灵性"是与大多普通 HR 循规蹈矩的工作场景背道而驰的。成长于普通 HR 职业生涯的新人们，如果不能跳出思维定式，必然被磨去"灵性"。凤毛麟角的 HR 不走寻常路，他们也就成为行业的领军人物，自然可以在这个时代用咨询的方式起舞。

当教练：探询式影响力

◎ HR 应该将自己的影响力通过教练式辅导的形式进行释放，他们会时刻避免自身的"先入为主"，通过交流的方式，在老板、高管、直线经理的意图里寻求共识，将自己的思路灌入共识的方案，实现自己的积极影响。

过去，大多数 HR 更多的是通过"下命令、做督导"的形式来实现影响，这种方式强势而粗暴，大多数时候并不能让直线经理们认同。正因为如此，老板、高管、直线经理们与 HR 貌合神离：前者不能借用后者的专业能力，作为本领域人力资源第一负责人难言称职；后者不能借用前者对于业务的理解，专业影响力自然无法释放。

优质的人力资源管理解决方案必然基于业务场景和人力资源专业，此外，这类方案必须获得老板的认同，获得高管的支持，并通过直线经理才能发挥作用。所以，HR 应该时刻明确自己是"副驾驶"而非"主驾驶"，并基于这个定位开展工作。进一步来看，HR 必须主动和上述群体搭建沟通的桥梁。

教练式技术更多的是通过"探询"的方式来实现影响，应该是新时期 HR 倚重的重要沟通方式。

首先，面对老板、高管和直线经理们需要解决的问题，作为教练的 HR 并不直接抛出"自以为是"的专业答案，而是通过一个又一个有技巧的问题来探询这些"内部客户"真正的需求。

其次，在对需求达成共识后，目标变得聚焦。此时，HR 再用有技巧的问题探询对方的技术路线，并用专业标准来验证技术路线的可行性。

最后，在对技术路线达成共识后，HR 基于共识方向给出若干专业工具，使得对方在强烈的参与感中接受自己的思路。

好的教练一定不是强势的，但他们会用问题领着对方走，这有点像球场上的组织者，用传球"领着"其他队员跑位。看似所有的答案都是对方给出的，实际上，这些答案都来自教练有技术的设计，并通过"探询"的形式被挖掘出来。

这个素质维度无法突破，原因在于 HR 缺乏"气场"。气场太弱不是问题本身，只是问题的表现，其本质在于 HR 专业素养的累积不足。或者说，HR 的实力没有达到和老板、高管、直线经理对话的级别。这不是通过教练技术就可以改变的，教练技术本身只能放大 HR 的专业影响力，而不能让专业影响力从无到有。只有当 HR 知道了问题的无数可能，他们才能设计"探询"的形式来挖掘出自己想要的答案，并将自己的影响力渗透其中。

也许，上述对于 HR 素质的要求的确挑战了 HR 的能力上限。但是，正如那些在互联网时代被倒逼转型的传统企业一样，这种转型是由不得选择的，是一道必答题。因为，趋势就在那里，犹如风会起，不管你看不看得见。

在达尔文的进化论中，适者生存，基因是不可改变的，而在拉马克的进化论中，基因是可获得的。前者让人绝望，后者却留下了希望。HR 的进化，究竟会遵循哪种规律？时间会给我们答案。

INSPIRE POTENTIAL

TOP-LEVEL DESIGN OF THE
HUMAN RESOURCE IN PLATFORM-BASED
ORGANIZATION

第五章

善意的提醒

一直以来，对于 HR 的最大抱怨无非两个：一是人力资源管理工作缺乏"方向性"，不能以终为始，对接战略，产出经营效果；二是人力资源管理工作缺乏"交付感"，不能在企业经营环境发生变化时灵活调整，产出应变效果。

前一类抱怨可谓一直存在，HR 一直没有找到应对方式。高喊战略性人力资源管理的 HR 与战略的距离大到可以用天堑来描述，战略千变万化，而人力资源管理始终固守套路。试问，战略压力传递不到的地方，不是后勤部门又是什么？但这样的龟缩后患无穷，面临巨大经营压力的老板必然将压力倒逼至 HR，要求 HR 解决各种各样的问题。这种汹涌而来的需求彻底打乱了我们的工作节奏，我们在夜以继日地完成老板交办的任务后，仍然只能得到一句"大家很辛苦，但你们做的不是我要的。"何其无奈？

后一类抱怨在经济寒冬期到来时被放大到极致，成为 HR 必须面对的问题。过去依靠大环境带来的趋势红利成长的企业，在寒冬之中无法再用粗放型的增长去发展，他们迫切需要内挖管理红利，在维持不变甚至逐渐缩量的市场空间里守住自己的城池。此时，老板们需要的是立竿见影，但如果 HR 不能理解生意，不能把人力资源管理工具运用得炉火纯青，又怎么可能达到老板们的需求？

太多的传统 HR 认为自己已经恪尽职守，将人力资源管理工作做到了极致；很多企业认为自己已经被寒冬逼到"打光了弹药"，唯有期待经济环境转暖,才有可能解困。但事实上,HR 的工作还有巨大的升级空间,企业还有大量的"潜能"有待激发。

在本书最后的这个部分,笔者将基于前面呈现的体系,给出两套相对完整的解决方案。相信这种场景化的呈现形式,更容易为人力资源管理工作带来直接的改变。当然,这些方法论也不会遵循所谓的经典,权当是"善意的提醒吧"。

第一节

战略地图,人力资源管理需要以终为始

2013 年以前,笔者在接触各类性质的企业(民企、国企、外企)时,都喜欢问对方老板一个问题:您对自己的"人力资源一把手"满意吗?这里的人力资源一把手指的是 HRD、HRVP、CHO 等在该企业里能够直接向老板汇报的人力资源分管领导。在得到的回答里,95%以上都是满意的。道理很简单,企业管理最重要的两条线就是管人和管财,没有被老板信任的人,当不了人力资源一把手。既然老板信任,自然就会满意了。

2013 年以后,笔者再次向老板们抛出同样的问题。此时,老板们的答案骤然 180 度转向,95% 以上都对自己的人力资源一把手不满意。言辞激烈的老板甚至认为,是自己的人力资源一把手阻碍了企业的进步。

这让人有些费解,2013 年究竟发生了什么?让老板们翻脸比翻

书还快？回顾这一时点的商业环境，不难发现一个引发变动的关键因素——互联网。

2013 年正是互联网带来商业巨变的一年。互联网让用户话语权提升，让各个领域的竞争更加激烈，客观上要求企业变得更轻、更快、更强。但传统的组织模式显然不能支持这种要求，HR 在这个底层逻辑之上做的选、用、育、留也显得隔靴搔痒。真相是，不是 HR 退步了，而是老板们的要求变高了，不是 HR 想变，而是环境逼得 HR 不得不变。HR 不变，就将是时代的"炮灰"。

在这个时代，笔者怀疑老板和 HR 从未相互了解，从未达成共识，他们之间一直有一道虚幻的"彩虹桥"。

老板到底要什么

老板到底要什么？很简单，他们的需求从来没有变过，他们只要经营的结果。而 HR 能给什么？传统武器是"选、用、育、留"。以前，老板们仅仅要求 HR 维护好企业内部的秩序，让金字塔组织有条不紊地高效运行，而 HR 正是专精于此。可以说，双方的心理是有默契的。而现在，被环境逼急的老板们，希望 HR 能够推动经营，这是要 HR 走出舒适区，是他们所不擅长的。HR 对此抱怨颇多。

有一次，笔者在某企业内部亲历了这样一个场景：听着老板对于组织再造的前瞻设想，HRD 一头雾水。可能认为自己是老板的"自己人"，HRD 有点"撒娇"意味地说："老板，我水平有限，实在做不出您要的效果，要不您调我去干业务吧。"当时，老板脸色有点不好看，

HRD 却为自己将了老板一军而沾沾自喜。其实，这种"撒娇"无疑是幼稚的，听不懂老板要什么，不是自己坚守专业的光荣，而是不能与时俱进的耻辱。

现实是，老板和 HR 并未重新达成心理默契，他们之间可以说有一道"彩虹桥"。老板着急：明明有桥，你就是不过来。HR 也着急：哪里有桥，那是你的幻象。言下之意，这座桥看得见，很炫目，但就是走不过去。

客观来讲，HR 的抱怨有一定的道理，但回过头来，之所以会出现这种"彩虹桥"，根源还是在自己。我们可以用一个形象的图形来比喻这个现象。老板的需求好比"光照"，他们一直追求经营结果。而 HR 好比"棱镜"，由于欠缺"体系化的工具"，不仅不能有效地承接老板的上述需求，反而形成了扭曲，折射出五光十色的命令解读，让老板不断地指挥——"你为什么不去做……"于是，HR 跟着老板的指挥走，每年运行十几个奇奇怪怪的项目，从传统的"人力资源规划"到新兴的"员工援助计划"，从创意类的"企业文化建设"到天马行空的"执行力建设"……HR 累到"身体被掏空"，结果换来的却是老板千篇一律的回答——"还是没有达到我的要求"。"头疼医头，脚疼医脚"的工作方式，得到这样的结果是必然的。人力资源部曲解老板需求的过程如图 5-1 所示。

HR 在一顿忙碌之后，都会思考一下真正应该向老板交付什么。甚至，部分行业先锋 HR 也开始思考一个更加大胆的想法："与其被动地跟着老板的节奏走，我们能否引领老板的需求，回到自己的节奏？"

事实上，这也不是新鲜的话题，业界总在提"战略性人力资源管理"，但落到行动上，太多的 HR 做的仅仅是"人力资源管理"，甚至是最传统的"人事管理"。HR 们嘴上喊口号，但大多数人从来都没有想过要去探寻答案，直到承受巨大经营压力的老板们开始倒逼他们创造价值。

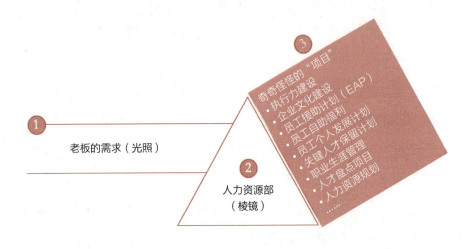

图 5-1　人力资源部曲解老板需求的过程

资料来源：穆胜企业管理咨询事务所。

不仅 HR 说不清楚自己要向老板交付什么，老板也未必清楚自己要什么。笔者长期辅导的一个企业，最初合作时，老板对企业人力资源体系不满，提出要求："穆老师，您能否帮助我的企业提升组织能力？"笔者问："请您解释一下组织能力。"对方回答："员工能力、积极性都不够，离企业的要求有距离。"笔者再问："您觉得应该如何改进？"对方描述了无数他认为 HR 应该做的工作，你可以说他指挥的所有工作都是对的，但始终没有用一个体系来构架，缺乏一个"主轴线"。换句话说，所有工作都是散点，没有协同，缺乏交付标准。

其实，他真正关注的交付标准应该是"人力资源效能提升"。不仅因为这是组织能力的最佳代言，是人力资源管理推动经营的支点，而且因为人力资源效能是刚性指标，但组织能力是虚幻且无法测量的。

这个道理简单，是否认可这个道理却体现了企业家的段位。当今中国老板们成长于一个特殊的历史时期，相当一部分不是通过自己的经营水平赢得的江山，而是依赖三大法宝——胆子大、脑子活、路子野，外加一点老天给的运气。真正的高手却对人效有格外的重视，这种重视甚至达到了苛刻的地步。

从1996年开始，华为在经营业绩的飞速狂奔之下就出现了两种趋势，我们用一个双纵轴的图形来表示（见图5-2）。一方面，员工人数增长过猛，即图中上面一条曲线，对应左边的纵轴；另一方面，销售额的增长也非常迅猛，即图中下面一条曲线，对应右边的纵轴。由于后者的增长实在太快，反映到人效上，其实是很优秀的数据（见图5-3）。但是，之所以说这个企业伟大，就在于它能够前瞻性地用放大镜发现自己的问题，并且用坐穿冷板凳的恒心去解决。任正非坚持认为这种增长用发展掩盖了问题，实际上效率不高，于是用了为期20年左右的时间进行了若干的管理变革，最终没有让两种增长趋势的"喇叭口"放大，而是让它们合拢，在销售收入继续迅猛增长的同时，员工人数的增速终于降下来了。这意味着，华为的人效进入了快车道，会迎来井喷期，它们的后续发展还会越来越好。

其实不仅是华为，海尔、阿里巴巴、美团这些优秀的企业，它们能够在红海搏杀中始终屹立不倒，甚至能够在产业的低谷期依然基业长青，背后都有一条优雅的曲线——人力资源效能持续提升。

图 5-2　华为人数与销售额变动趋势图（1987~2016 年）

资料来源：吴晓波，等. 华为管理变革[M]. 北京：中信出版社，2017.

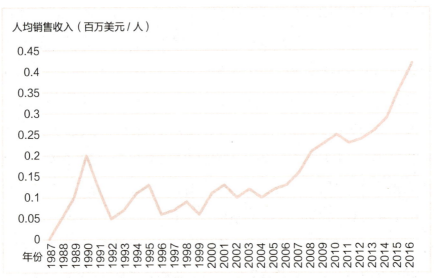

图 5-3　华为人均销售收入变动趋势图（1987~2016 年）

资料来源：吴晓波，等. 华为管理变革[M]. 北京：中信出版社，2017.

人力资源战略地图

现在的问题变成了"我们应该如何影响人力资源效能"。

基本逻辑

笔者总结了一个名为"人力资源战略地图"的工具（见图5-4），基于这个工具开展人力资源战略的解码。其中，包括三个相互联动的维度。

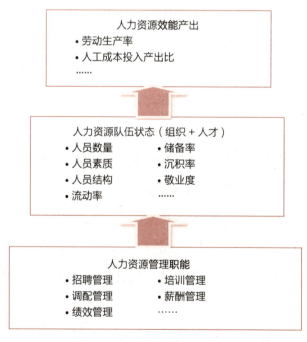

图 5-4　人力资源管理战略地图

资料来源：穆胜企业管理咨询事务所。

第一个维度是人力资源效能。对于这一概念，前面已经详细介绍过了，典型的人力资源效能指标有劳动生产率、人工成本投入产出比、人均营业收入、人均毛利等。为了真正实现"战略性人力资源管理"，我们应该将企业的复杂战略阐释为对于人力资源效能的直接要求，这是人力资源管理推动经营的"支点"。

第二个维度是人力资源队伍。人力资源效能是由人力资源队伍状态决定的。衡量人力资源队伍的方式有传统的数量、质量、结构等，也有流动率、储备率、沉积率、敬业度等。队伍是持续输出效能的保障，人的有机搭配构成了一种可以自动进化的协作系统。因此，企业需要有清晰和长期的队伍构建思路。

需要提醒的是，队伍状态不仅是组织状态，也不仅是人才状态，而是"组织+人才"的状态。当前人力资源业界的一个典型误区，即要么单独盘点组织，要么单独盘点人才。前者得到的是一个干瘪的组织框架，后者却忘了人力资源这个要素是不能朴素相加的。相较之下，后者的误区尤其大。举例来说，是不是把五个NBA超级明星放入一个篮球队，就一定能够夺得NBA赛季总冠军？显然不是，还是要讲排兵布阵的，人力资源需要放到组织模式中，相互之间需要产生"化学反应"。不仅如此，不少企业用传统的素质模型去做人才盘点，还引发了无限争议。所以，我们应该把人才放到组织中进行盘点，盘点出综合的队伍状态。

第三个维度是人力资源职能。人力资源队伍状态是由人力资源管理职能运作来决定的。这就是我们在人力资源管理传统领域提到的几大模块或者几大职能，简单来讲就是选、用、育、留。传统的人力资源管理工作大多都是在这个模板下展开的，更多的是为了操作职能而设置操作职能,每个职能遵从标准化的方法,且相对分离,这是有问题的。正确的做法是,基于队伍构建的目的和思路,人力资源管理各模块有序协作,共同输出一套整体的解决方案。

操作方法与理念

这个简洁的框架包含了大量操作技巧,如果合理运用,就可以对人力资源战略进行清晰解码。

◎ 在效能层面,主要基于战略,找出企业最关注的经营指标,并明确支持这种生意的队伍指标,两者组成了人效指标。然后,需要反复检验,确认这个人效指标能够被控制且符合战略要求和客观规律。

◎ 在队伍层面,应该锁定关键队伍,并确认调整方向。所谓"关键队伍",是指队伍的局部,涉及什么层级、哪类人员。因为,企业资源有限,不可能面面俱到,大量的"全面提升"项目最终都会是走过场。真正制约效能输出的,就是局部的关键队伍。如何找准关键队伍?企业不妨反问自己,是否调整了队伍的这个局部,就能够在很大程度上促进效能目标的达成。

◎ 在职能层面,企业的操作工具有很多,传统的选、用、育、留只是笼统的常规操作。笔者尝试对所有的操作进行了全面的编码(coding),确保毫无死角地找到每一种可能性,最大限度地作用于队伍。

在现实操作中，我们通过一系列的方法论，一层层推导出每个层面的战略指向，而不同的战略指向之间都有逻辑传导关系，连接起来，就成为一幅完整的人力资源战略地图。

这有点像是在打高尔夫球。我们可以把最后的出球比喻为人力资源效能输出或人力资源的战略性支持。但这只是一个结果，驱动因素不是手上最后的动作，而是全身各个部位的协同。所以，就效能来提升效能是不对的，这属于"头疼医头，脚疼医脚"，这会导致"彩虹桥"出现。职业高尔夫球手应该做的，是打通这条发力的逻辑；HR应该做的，是找到如何通过职能改变队伍，通过队伍输出效能的逻辑。

在现实中，我们不仅需要输出这幅人力资源战略地图，还需要将每个环节的状态刻画为数据，以数据之间的强因果逻辑来锁定人力资源效能结果。不仅是逻辑推演，真正细致到一定程度，还会将过往的数据代入，检验这种因果联系是否成立。例如，有企业的HR提出要在队伍层面"提升员工敬业度"，而根据敬业度调查的结果，认为薪酬支付水平是制约大家敬业度提升的症结。于是，职能层面的驱动因素变成了"薪酬水平提升"。我们把过去员工的样本一代入，就发现，这个因果关系根本不成立。大量离职员工的薪酬水平并不低，他们的离职是因为缺乏公平感，说直白一点，"不是自己拿少了，是别人不该拿的拿多了"。如果按照HR本来的想法，进行薪酬普调，又是一场灾难。⊖

⊖ 其实，敬业度调查里对于薪酬不满是常态，所有企业的调查几乎都会出现这样的结果。这更像是员工喊出的一种"口号"，换句话说，谁都希望加薪。这显然是一个无效问题。

案例解析

下面，我们展示一个为餐饮连锁企业制定人力资源战略地图的实战案例。

◎ 这个企业处于一个抢滩期市场。
◎ 它的生意模式是规模盈利，门店终端，中央厨房配货，原料产地直采。
◎ 这个行业里展店能力是制约企业发展的关键，"多店死"是典型现象。

这里，人力资源战略应该是"进攻型"的，人力资源战略地图的逻辑如下。

在效能层面，扩地盘、做大市场占有率是当下要务，因此应该关注"营业收入"。另外，从营业成本上看，在料、工、费三者中，只有人工成本相对可控，尤其是原材料由中央厨房直接供应，企业也会考核出成率，这里面并没有多大水分可以挤出来。展店所需人力资源并非高端，其单价固定，控制好"人数"即可。因此，效能层面应该关注人均营业收入。

在队伍层面，对于这个企业当前展店的要求，一个成熟品控体系下的人海战术是关键。所以，"品控人员＋操作人员"是关键队伍，队伍建设自然分为两条线。一方面，品控人员不是数量不够，也不是素质不够，而是输出不足，也就是没有出活。因此，我们提出要让这群"精英精进"。另一方面，操作人员数量不足，这导致了看到市场却打不下来。因此，我们提出要"打造铁军"。

在职能层面，我们仔细分析了操作人员不足的原因。这个企业的招聘能力非常强悍，雇主品牌也很亮眼，但在两个环节出了问题。一是人才招募工作不顺利，市场上很少有人接招。原来，总部为了确保人才素质，强行提高了招聘门槛，而薪酬没有任何变化。二是好不容易招来新人却留不住。原来，该企业招入操作人员后，并未给予新人足够的支持，而是直接将其抛到了岗位上。展店的工作任务本来就繁重，再加上没有方法，新人自然是两眼一抹黑，事倍功半，撑不下去就会离职。

针对这两个问题，我们确立了两个项目：一个是"+20%招聘池扩容项目"；另一个是"入模子培训项目"。

针对前者，我们要求 HR 针对劳动力市场的性价比进行再调研，一方面降低这类实用性人才的招聘标准，另一方面提高在薪酬、福利和工作环境等方面对于他们的吸引力。总之，要让自己企业的职位性价比高于行业平均水平 20%。为什么是 20% 呢？这是因为我们做过测算，大量的实用人才是被这个企业的高招聘要求吓回去了，只要按照上述方式稍微上调性价比，就可以抓入大量犹豫不决的应聘者，招聘池里增加的待选人员可以达到 50% 以上。

针对后者，我们要求 HR 驱动业务部门，联合打造一套"入模子"培训课程，并同步建立讲师体系。在课程、讲师等各类资源到位的同时，打造出这个这个培训项目运作的 SOP，确保各类资源在 SOP 中高效落位，最大限度地缩短人才培养周期。以前，他们的入模子培训并未进行标准化，课程、讲师、效果都没有标准，各个部门的老大随便来讲讲就算是培训了，还有给操作人员讲宏观战略的。实际上，对于这类操作人员，讲什么、不讲什么、怎么讲都是有讲究的，而这显然应该是人力资源部给出的标准。

品控人员的问题可能更加复杂。这个企业的品控人员队伍早就按照编制配置到位了，人员的选拔标准也很高，但他们对于一线的支持力度是很有限的。他们认为自己已经履行了"赋能"的职责，但一线认为"诸多业务都只有靠自己去摸索"，甚至认为品控部门变成了"锦衣卫"，只会说"这不行"，不会给"怎么办"。

针对这一问题，本来应该要求品控部门完善自己的知识体系，进行更加全面的知识萃取，但人力资源部作为平行部门，如何驱动另外一个强势部门？为此，我们启动了一个"运营改善项目"，人力资源部通过HRBP洞察"改善点"、发现标杆实践、提供知识萃取标准，然后，品控部门用自己的专业挖掘标杆实践，将其编码为可以传播的方法论，最后人力资源部通过自己遍布各个门店的讲师队伍，将这些方法论往下落实。相应地，这些培训讲师身上也加上了一个"品控师"的身份。最后的结果是两个部门双赢，但如何走向协作，实际上是人力资源部搭好了逻辑底层。某餐饮连锁企业的人力资源管理战略地图如图5-5所示。

现实中，如果HR能把这幅战略地图与老板们进行分享，老板们会确认两点：第一，人力资源的效能输出是很实在的；第二，这位HR很专业，思路很清晰。于是，老板会停止自己的"指手画脚"，HR就跨越了"彩虹桥"。道理很简单，HR都这么专业了，他还废什么话？我们应该清醒地认识到，老板都是实用主义者。

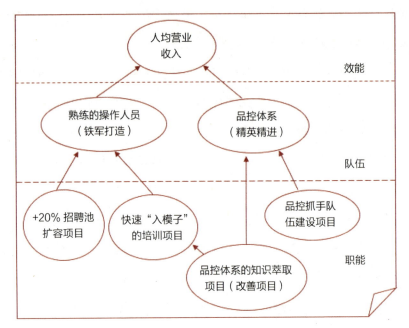

图 5-5　某餐饮连锁企业的人力资源管理战略地图

资料来源：穆胜企业管理咨询事务所。

人力资源战略选择

对于 HR 来说，在整个人力资源战略地图中，最难突破的就是效能维度了。因为，对于商业模式、战略、财务的理解可能是 HR 这个行业的短板。

这里，我们基于前面提出的"人力资源效能矩阵"来进行决策。这里有三个人力资源战略决策点：一是人工成本结构，代表了人力资源结构选择；二是产品收益结构，代表了业务战略选择；三是人力资源效能输出，背后是人力资源战略选择。三者之间有强烈的互动关系，共同构筑了一个人力资源战略的完整逻辑。

具体来说，人力资源结构选择和业务战略选择共同决定了人力资源战略的选择，或者说，人力资源战略是为了以既定的人力资源结构满足业务战略的需求。当然，某些时候我们也会尝试对人力资源结构进行调整，甚至会基于人力资源的现状进行业务战略的调整。人力资源效能矩阵及其战略决策影响如图 5-6 所示。

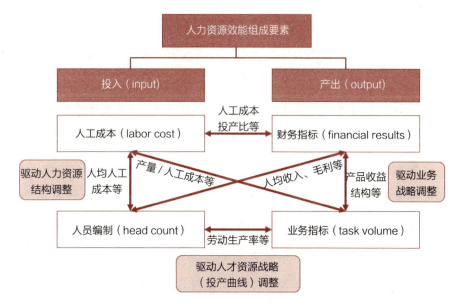

图 5-6　人力资源效能矩阵及其战略决策影响

资料来源：穆胜企业管理咨询事务所。

其实，人力资源战略是很早就有研究者涉足的一个领域，国外有诸多的研究成果，但这个领域的成果在国内外都没有得到太多的应用。笔者猜测，大部分传统 HR 对于生意的理解还不够透彻，过去也没有那种压力让他们理解生意，所以，他们没有必要去考虑这几个选择之间的"钩稽关系"。但现在不同了，HR 遇到了"彩虹桥"，我们必须做人力资源战略地图，而要做人力资源战略地图，首先要有人力资源战略。实际上，人力资源战略地图正是对人力资源战略的展开。

三大选择都不是简单的向左向右，但为了构建模型，我们把选择简化：

◎ 驱动业务战略调整，即选择"差异化战略"或"低成本战略"。HR 如果可以影响战略制定，当然更好。但如果不能影响，先明确公司的战略，将其作为制定人力资源战略的既定条件。

◎ 驱动人力资源结构调整，即选择"高质人才"或"实用人才"。不同的业务需要不同的人才，我们不能简单地说 LV 就比优衣库的衣服好，两者付出的代价也不一样，市面上也不可能有那么多的 LV。

◎ 驱动人力资源战略调整。这方面国外已经有成熟的研究成果，主要是选择"投资型"或"诱引型"。前者是选择类似白纸的人才，并对其进行长期培养，直到跨越某个"拐点"，这类人力资源释放的价值才可能迎来井喷，类似华为、宝洁等企业都是采用这种模式；后者则是从外部人才市场上直接选择成熟型人才，要求来之能战、战之能胜、胜之能好。著名的 Netflix 就是采用这种策略，它号称只招"成年人"。这种策略翻译过来就是"我们不生产人才，只做人才的搬运工"。两种人力资源战略如图 5-7 所示。

两种人力资源战略都有具有代表性的优秀企业，我们应该选择哪种呢？各个企业情况不同，我们应该选择适合自己的。例如，某企业的业务战略就是低成本竞争，这是依靠实用型人才来支撑的，如果招聘一大堆"白纸"过来,要重仓精英,这就是典型的不理智。又如,某企业在快速发展的过程中,需要有人能够快速上手,这时招"白纸"也是典型的不理智。再如,有的企业薪酬支付水平在 P40 ⊖,他们还要求找到精英(成熟型)人才,并且要求他们立即"出成绩",这也是不理智的。最有意思的是,有的企业希望招入成熟人才,但这类人才肯定是带着职场经验过来的,人家心里的决策模型已经成形了,能力提升空间也有限,就是来寻求"能力套现"的。企业要么给期权、股权,要么给高工资,但如果天天和人家谈梦想,希望进行价值观"同化",还希望人家再学习,再实现能力井喷。这就非常不理智了。

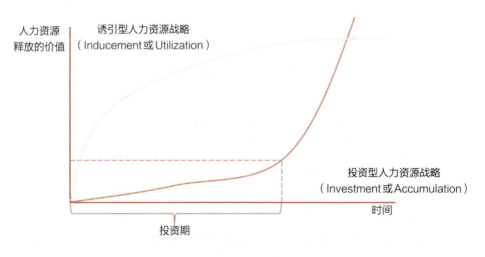

图 5-7 两种人力资源战略

资料来源:在 Dyer & Holder、Mils & Snow、Dowling & Schuler 模型基础上由穆胜企业管理咨询事务所整理。

进一步看,制定人力资源战略也不是简单决策,企业的人才队伍

⊖ 100 个名次中,排名在前 60 位,即前 60% 的分位刻度。

有很多支，既要有成熟型的人才，也要有白纸型的人才，还要有从外部"嫁接"长出来的人才……针对不同的人才类型，我们应该选择不同的人力资源战略。也就是说，曲线可能不止一条。

人力资源战略制定中的一个风险是，掉入人力资源战略制定的几个"禁区"（见图5-8）。

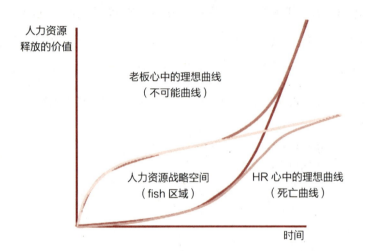

图 5-8　人力资源战略的空间

资料来源：穆胜企业管理咨询事务所。

一方面，老板们永远希望人才能够"来之能战、战之能胜、胜之能好"，不仅如此，他们还希望人才能够跟随企业一起成长，焕发第二春。所以，他们心中理想的曲线是最上面的一条线，但这条线是"不可能曲线"，曲线以上的部分就是人力资源战略制定的第一个"禁区"。面对老板的这类"既要、又要、也要、还要"的需求，HR应该秉持专业性，明确告知人才成长的客观规律。

另一方面，HR永远希望老板对于人才成长有足够的耐心，好比先收款且没有交货期的生产订单是受欢迎的。所以,我们心中的理想曲线是下面的一条线,但这条线是"死亡曲线",曲线以下的部分就是人力资源战略制定的第二个"禁区"。真实的情况是,如果有HR把曲线定位在这个区域,要么企业被人力资源管理的低效拖垮,要么HR被自己的低效拖垮,失去了自己的职位。其实,即使老板不专业,认可HR在这个禁区里,HR也不能掉进去。老板在人力资源管理上不专业,但HR应该是专业的。如果HR把自己放到不要求输出的温室里,实际上是害了自己。

真正的人力资源战略空间是中间的"fish区域"。在这个空间里,企业需要根据自己的业务战略(甚至其他战略)定位和人力资源结构定位,来构筑一条符合客观规律的合理曲线。

有了这个人力资源战略,我们就可以制作人力资源战略地图了。曲线靠上,我们可能需要选择一些立竿见影的打法;反之,曲线靠下,我们就可以选择一些固本强基的打法,当然了,必须要有预期的回报。在这个时代里,由于竞争环境的剧烈变化,老板们可能更要求HR把曲线调整得靠上一些。

这里,基于这个前提,我们给出两个制定人力资源战略地图的原则:

原则一是"海量除冗":一定将日常性事务与战略性工作分开,能用IT工具接管的,绝对不要把HR浪费在上面。HRD、CHO、HRVP的工作是确保战略性输出,即人力资源效能,而不是确保秩序稳定,那是基础要求。

原则二是"急功近利":请放弃三年为周期的人力资源战略规划,

转而以一年为周期制定人力资源战略地图，企业资源有限，时间有限，痛点就在那里，一定要对痛点进行"饱和攻击"㊀。要确保一刀子捅下去，能捅对地方，能见到血流出来。刀子是有效职能；捅对地方是找到关键队伍；血流出来是效能输出。

最后，还可以用一个简单的小方法来判定企业的人力资源工作是否具有战略性。每个 HR 都可以尝试将自己正在发力的各项工作分解为三句话：

（1）我做了什么事情（人力资源管理动作）？

（2）影响了队伍的什么状态？

（3）带来了什么样的效能结果？

如果我们从事的某项人力资源工作不能分解为这三句话，那么它就不是战略性的。

第二节

寒冬之下，人力资源管理有何作为

从 2018 年开始，中国经济的增长趋势开始正式步入"L 型筑底"，经济结构的调整开始来临。在这种背景下，内需乏力、中美贸易战、

㊀ "饱和攻击"是苏联海军总司令戈尔什科夫元帅，在美苏争霸时期，研究使用反舰导弹打击美国海军航母战斗群时制定的一种战术，即利用水面舰艇、潜艇和作战飞机等携载反舰导弹，采用大密度、连续攻击的突防方式，同时在短时间内，从空中、水面和水下不同方向、不同层次向同一个目标发射超出其抗打击能力的导弹，使敌航母编队的海上防空系统的反导弹抗击能力在短时间内处于无法应付的饱和状态，以达到提高反舰导弹突防概率和摧毁目标的目的。

去杠杆、人口红利持续消失……这些无一不让企业感觉到寒意。

经济系统犹如一个生命体，始终有起起伏伏的规律，寒冬的来临是必然的。但真正长盛不衰的企业总有自己的一套机制来应对危机，寒冬之下，它们能够屏息呼吸，甚至能够打出回马一枪，开创新的格局。

事实上，除了在战略层面的快刀斩乱麻，优秀的企业在面对危机时，更多的是通过组织管理的动作来调整姿势。所以，人力资源管理者会发现，老板们突然对自己的工作提出了近乎"变态"的要求。他们能够感觉到——老板着急了。

老板需要 HR 做的，已经不再是循规蹈矩的选、用、育、留，而是立竿见影地推动经营。HR 的工作方式需要改变，而以下五点可能是他们突围而出的机会。

精简组织构架

精简组织构架是从组织框架本身进行打磨。

1. 纵向的管理层级

过多的管理层级会阻碍业务温度的传递，还会形成官僚，必须减少。这样在客观上会增加每个管理人员的管理幅宽，但这是有必要的。正因为如此，美股市场上一旦出现 CEO 下台，继任者通常都会通过减少层级、推行扁平化的调整来取悦"华尔街"（泛指资本市场）。一方面，这可以减少大量的人工成本和周边成本；另一方面，这也可以让企业更加敏捷，更能感知到市场的温度。

2. 横向的专业分工

一个发展到一定阶段的组织，必然存在分工过细的现象，这些地方（分工之间）都是部门墙、团队墙、岗位墙，都是效率低下的源头。所以，企业需要在某些领域进行的专业"合工"，由一个任职者一站到底。"合工"主要存在两个空间：一是业务量不够饱和的分工领域；二是时间窗口很小的战略性领域，短期内需要用这种方式打穿部门墙（短期是有效的）。

3. 简化流程

这个方向可能需要特别谨慎，第一，流程再造需要和组织结构调整配合，这是个系统工程，否则流程变了组织没变，相当于"大人穿小衣服"。第二，流程再造必然会重组业务流，初期效率会有所下降，然后缓慢爬坡，直到穿越了拐点，才会有井喷式的快速提升。这不是任何企业都能够承受的，尤其是在寒冬时期。

有人也许会问，不是所有的企业都存在精简组织结构的空间吧？遗憾的是，绝大多数的企业在组织构架上都有冗余。为什么呢？这是企业发展的必然规律：一定规模的企业都会把组织结构调整到业务动作和业务规模的前面，道理很简单，没有机构、没有人员就没法做事。但是，业务动作和业务规模一定不会随着组织结构的调整如约而至。常见的现象是，组织结构调整了，大量员工的业务动作还是照旧，而市场瞬息万变，业务规模也很难精准预测。更有意思的是，当这一切发生之后，企业却有一种误区，将这种状态视为"磨合期"。结果，一"磨合"就浪费了若干年的时间。实际上，这更是一种组织设计上的惰性。寒冬可不等人，老板们可能要更坚决，"规定时间，规定资源，使用'最小可行团队'（minimum viable team，MVT），用结果说话"，可能是验证组织结构设计的有效标准。

从长远来看，企业还是要形成平台型组织。这是最精简的构架，组织内的各个功能模块通过协同机制实现连接，每个功能模块都是"共用件"，大量复用。所以，平台型组织的人效一定是最高的，每个人都释放了潜能，发挥了最大的价值。需要说明的是，这就不仅仅是组织构架调整的问题，还涉及激励机制的设计，甚至涉及员工素质的重构。这就会让问题变得更加复杂，同样不是寒冬里的企业都能承受的。

死守人效红线

这是从组织框架的运行效果来打磨。

以前，尽管我们一再大声疾呼"人力资源效能"的重要性，但在不少营利性较好的企业眼中，它们才不看重人工成本和相关周边的"小小支出"。有人甚至振振有词，不花大价钱重仓人才，怎么可能有大回报？"先有人再有业务，先有规模再有利润"似乎也是应有之义。从表面来看，这种逻辑是正确的，实际上，这种逻辑是被滥用了。秉持这种言论的老板，实际上是在用重仓人才的情怀掩饰自己在管理上的浅薄思考。

寒冬之下，企业必须守死效能红线。

首先，应该形成效能地图，将效能分级分类进行盘点，下沉核算到每个组织单元。所谓分级是按管理层级来分解；所谓分类是指利润中心、成本中心、费用中心，甚至按照不同的部门条线来分解。这种颗粒度的盘点可以形成一个类似"热区图"的呈现，确保迅速找到"人效洼地"。人力资源管理者应该确保高效能的业务单元占绝大多数，并迅速清理"人效洼地"。清理的方式是用效能标准进行编制和人工成本的重新核定，未能达到效能标准的超编部分和超额人工成本部分，应该直接扣减，即缩编和缩减预算包。

当然，对于"人效洼地"应该分类看待：对于某些常年低人效的业务单元，应该坚决清理；对于另一些处于试错阶段且进行战略级尝试的业务单元，应该在一定时间内容忍一定程度上的低人效。但对于后一类试错型项目的范畴，应该严格限制，非"战略级"的尝试要果断放弃。其实，这些业务在过去就该放弃，只不过经济形势会帮老板下这个决心而已。

对于低人效的业务单元的负责人，他们一定会反复强调自己的业务单元是"战略级"的。事实上，在他们的眼中，规模永远大于效率，因为规模代表他们的地盘、预算包、编制包等，他们甚至会反复主张效率即将出现爬升。前两年，在万科实施跟投制度后，一个省级公司的高管曾经向笔者埋怨这种制度严格控制了效率，导致他们不敢拿"大地块"，而当笔者将这个观点向万科高级副总裁谭华杰进行验证时，他却回答："这就是我们公司导向的呀，公司要求效率，宁愿看到他们快进快出"。说白了，业务单元的负责人始终担心自己的地盘小了，追求规模而忽视效率是他们的执念。只有用人效这把利刃，才能割掉这种执念，让他们对人员进行重新配置，将精兵放到高投入产出比的业务单元上。

寒冬之下，企业需要的规模是"有效规模"，需要的姿势是"精实增长"。

执行人员汰换

一旦我们发现了"人效洼地"并决定缩编或缩减人工成本，就必然面临人员汰换的问题。根据一个团队的结构，高、中、低绩效的员工分布比例总是会呈现一定的规律性，所以才有杰克·韦尔奇用活力曲线来淘汰 10% 尾部员工的做法。人力资源管理者要有决心淘汰尾部员工，也要相信这种汰换伤不到业务的筋骨。当然可以预判到的是，这类做法一定会招致业务单元负责人的强烈反对，但这并不代表这类做法是错误的。如果老板没有壮士断臂的勇气，业务单元的负责人始终有"惰性"，宁愿用一个不那么优秀的人，也不愿意去折腾"汰换"。

从结果上看，需要执行缩编或缩减人工成本的业务单元都是人效较差的（业绩自然也差），而人效优异的业务单元相应地获得了豁免权，于情于理上都是站得住脚的。毕竟，不能让优秀的团队强行淘汰。这里有以下两个陷阱。

一是在何种范围内对员工进行评级。员工处于不同工种、不同层级，如何进行统一的评级呢？最好的方式是按照岗位序列（如技术序列、运营序列）和一定的职级范畴（如将两、三个职级以内放入一个范畴），确定一个人员评估的池子，再进行人员分级。区分工种的意义在于,让处于同一赛道的员工进行对比,具有可比性,淘汰之后的缺编岗位也可以进行内部调剂。区分职级的意义在于,在一般企业的评价体系中,由于评价权在团队一把手,其当然更倾向于对身边的人给出高评价。所以,这种评价体系对于管理者就具有天然保护的倾向,如果不加任何规则干预,最后的评价结果一定是管理者相对于基层员工获得更好的评价。言下之意,这个团队的领导是没有问题的,问题都在执行层面,这显然是有违常理的。

二是运用何种指标来对员工进行评价。绩效显然是最主要的考虑因素,"以结果论英雄"还是有公信力的。但除此之外,还应该考虑员工的能力(素质评估)和岗位匹配度(岗位评估)。如果能力不错,岗位履职也兢兢业业,那么一段时间的绩效没有输出,有可能是客观原因。此时,就不应该"错杀"。当然,这里会反向拷问企业的绩效、岗位、能力三大评估系统,如果这三大系统缺位,就根本说不清楚"谁该留,谁该走"的问题。事实上,直到这个时候,老板们才会发现人力资源基础建设是多么的重要。

需要提醒的是,对于人工成本和人员编制,更大的缩减空间是在中层。查尔斯·汉迪说,中层是"被烤熟的鸭",其最容易成为隔热层。流程再造的开创者哈默尔和钱皮则认为,如果实施流程再造,会发现中层中有不少是不能产生任何价值的"外围员工"。说穿了,高层各管一个领域,高频处理复杂工作,基层员工都被分到了业务上,两类人"行不行"都很明显,但中层是最容易产生"南郭先生"的地方。

在人才队伍里,企业不仅要进行淘汰,还需要做置换。在防守时(紧缩队伍)还要进攻,打出回马一枪,才是高手的姿势。其实,对于优秀的企业没有寒冬不寒冬一说。寒冬时，其他企业的编制缩紧，人才市场上自由流动的"大鱼"更多了，正是调整人才结构，低位建仓的大好机会。

调整薪酬模式

从某种程度上讲，上述方案都会让头部人员承担更大的工作量，此时，一定要对薪酬模式有所调整，这样才能体现出公平性。但这种调整不能落地到直接给这类人员较高的固定薪酬，否则这又会产生矛盾。除此之外，企业也应该清醒地认识到，在寒冬时期，也需要轻装前行，保护好自己。所以，调整薪酬模式，建立"安全线"，就成为必要的选择。这种调整分为以下两个方面。

调整薪酬固浮比

调整固定薪酬浮动薪酬比，让更多的浮动部分和市场业绩联动。企业应该收缩固定支出部分，这里自然包括人工成本的固定部分。请注意，这不是主张要为员工降薪，而是主张消解固定薪酬的部分，而将浮动薪酬部分的比例增大。这样就能让那些真正创造出市场业绩的人获得更大的好处，这也应该是企业的导向（即使不在经济寒冬的形势下）。当企业想要往这个方向走时，就会再次发现自己的绩效评估系统如此脆弱，员工的贡献根本无法衡量。相较起来，对于利润中心尚且可以用这类方式调整薪酬，对于成本中心和费用中心，这种方式就始终无法落地。

对于成本中心，核算其运作资源的效能，基于效能发放浮动薪酬。

举例来说，采购应该核算"性价比"，研发应该核算通过节点（gate）的时间和效果，生产应该核算"出成率"……千万要防止病急乱投医，盲目引入阿米巴式的内部上下游核算，这只会形成另一种内部博弈，因为上下游之间永远不可能把账算清楚。

对于费用中心（即后台职能部门），分为两类部门：一类是基础保障部门，这类部门只要控制其规模就可以减少支出，或者也可以锁死一个薪酬包，进而自动减少人员编制；另一类是人力、财务等掌控大资源的部门，一定要将其浮动薪酬与大效能相联动。当然，这必然会为这类部门带来压力，但问问现在的企业，有几个想明白的企业不让人力资源部门对人效负责？

设计超利分享机制

建立更有决心的超利分享机制，让员工成为自己的 CEO。老板都愿意分增量，而不愿意分存量。道理很简单，存量的部分已经用工资覆盖住了，凭什么要多拿出来分？但如果员工能够制造出增量，即使老板在增量中多出让一些比例给员工，最终的结果还是自己的蛋糕变大了。所以，我建议老板们尝试类似平台型组织的激励机制，让关键价值创造的角色"并联劣后"，用对赌投入获得超利分享的资格。超利的起点线可以适当高一点，但给员工的分享比例也要高一点，让人家真正能够得到当"合伙人"的感觉。

"固定薪酬浮动薪酬比"和"超利分享起点"就是企业的两条安全线，实际上，是在收缩固定人工成本基础上做出更有激励性的机制。还是那句话，这种防守姿势上的进攻，才是高手作为。

搭建立体人才仓

人才有不同的仓，笔者把一个企业的"人才仓"分为以下三类。

领军人才

这类人才是各个战略领域的大牛，他们拥有卓越的能力和强大的意愿，他们回答"做什么，做得对不对"的问题。有他们在，就能找到解决问题的方向，把事情做得不一样。从某种程度上看，他们是绩效的根本驱动因素。这种人是可遇不可求的，培训对于这类人的作用是在"长波"范围内实现的。

中坚人才

这类人才是各个业务领域的中坚力量，他们拥有业务领域的专业能力，在价值观上也充分融入了企业，他们回答"做了还是没做"的问题。这类人才是支持企业业务运作的关键，他们将战略层面的构想在业务领域进行了落地执行。培训对于这类人的作用是在"中波"范围内实现的。

针对领军人才和中坚人才，都是难以通过短期的培训来改变的。因为，他们长期以来的职场历练已形成了特有的思维模型，不太可能被随便改变。如果要有改变，从培训的导入到他们的行为模式的改变，就应该是一个漫长的过程。而且，越是高端的人才，越有此类特点，他们的思维模型越"坚固"，没有太大的塑造空间，他们能用就能用，不能用就不能用。所以，笔者不建议在寒冬期大量进行此类人才的培训。

在寒冬之下，倒是有更大的机会招入高端人才，所以企业应该用"打猎"的心态伺机建仓。极端一点来讲，针对领军人才，如果企业做好了准备，真的需要这类人才（好多企业连自己需要什么都没有想清楚），应该用"疯狂的姿势"抢夺人才，见一个，抢一个。而对于中坚人才，则可以稳健一点，应该"掐尖"招入。

工兵人才

这类人才是企业内最微观的细胞，他们不承担管理职责，而是从事具体的业务，他们回答"做得好不好"的问题。这类人才可替代性强，但由于规模巨大且覆盖了基层，其整体水平关系到企业的运作效率。他们身上的知识和技能并不复杂，可以进行快速萃取、编码、复制。培训对这类人有作用，而且作用是在"短波"范围内发挥的。寒冬时期，强化此类培训可能是一个提升人效的有效手段。

以上三类人才的发展曲线如图5-9所示。

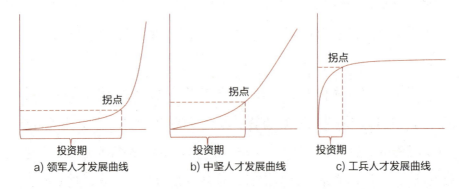

图5-9 三类人才的发展曲线

资料来源：穆胜企业管理咨询事务所。

从另一个视角来看，寒冬也倒逼企业的人才培养方式转型。正如前面主张的，传统教学式的培训已经越来越无效，企业的"培训功能"应该转型为"知识管理功能"。具体来说，培训管理者们（TD、LD岗位）应该成为"知识捕手"，用框架方法快速萃取企业最佳实践，将其编码成可传播的知识，方便组织内的员工随需调用。其实，这不仅仅是培训领域的转型，面对高价从外部引入的领军人才和中坚人才，通过这种形式将其身上的知识萃取出来，沉淀为组织财富，不仅是验证其能力的方法，也是保护企业"人才投资"的手段。在这个方向上，做得到的企业只是凤毛麟角。过去，土豪企业们大可大手大脚，现在好了，寒冬会帮它们下决心。

最需要提醒的是，对于人才培养，千万不要有"全面提升人才队伍"的奢望。这是导致培训工作隔靴搔痒、浪费成本的根本原因。企业的时间和资源都是有限的，一定要锁定人才短板，给出有针对性的措施，既要急功近利，更要能够立竿见影。

人有悲欢离合，月有阴晴圆缺。顺风顺水的生意谁都会做，但只有寒冬才能检验企业的成色。对于优秀的企业来说，是没有寒冬一说的，它们总能穿越周期，甚至能够利用寒冬实现在产业内的整合、清场，但对于带病发展的企业来说，寒冬就会成为一道坎，迈不过去，它们就会轰然倒下。至于那些处于进退之间的企业，首先需要在管理上做出改变。

其实，寒冬并不是坏事，寒冬可以孕育希望，守望春天；寒冬可以逼出那种真正有潜力的好企业，逼它们进化、蝶变。

INSPIRE POTENTIAL

TOP-LEVEL DESIGN OF THE
HUMAN RESOURCE IN PLATFORM-BASED
ORGANIZATION

后记

用观点推动商业实践

后记　用观点推动商业实践

十多年前,我还在实体企业内工作,尚未开始咨询生涯。一次,与某相熟的咨询公司高管谈及彼此的事业理想,我告诉对方,我的理想是"用观点推动商业实践"。话音一落,对方居然沉默了 10 秒,场面一度十分尴尬。见他不解,我告诉他,我从事过专业的学术研究,也一直在实业里摸爬滚打,又接触过你们这种咨询公司,我深知咨询是一个连接理论与实践的桥梁,而我立志在这个行业里深耕。

对方很快岔开了这个话题,把我的真诚当成了玩笑。他绝无恶意,但在他的眼中,作为养尊处优的"甲方",哪有可能弯下身段去转型"乙方"?而在每个咨询师的职业生涯中,碰到甲方的"叶公好龙者"应该不在少数吧。

若干年过去了,以前相熟的咨询业的朋友们,还留在业界的已经寥寥无几。我却一步步从实体企业走出来,同时还完成了漫长的求学经历,取得了两个硕士学位和一个博士学位,完成了博士后研究,最终创立了"穆胜企业管理咨询事务所"(以下简称"穆胜事务所"),真正兑现了当时"深耕咨询界"的诺言。

时至今日,穆胜事务所运用原创的方法论在业界收获了若干的客户认同,算是小有所成,但我自己难言满意,需要我们做的事情还太多。唯一算得上满意的,也许就是自己的初心未变,一直致力于"用观点推动商业实践",也带动了我们团队一群有共同理想的小伙伴投身于这个"吃力不讨好"的行业。

机会主义者当然会随波逐流，他们选择事业的决策模型不过是损益计算。但一个人真正的事业理想应该建立在一个内在的、恒定的坐标上，这个坐标就是自己的价值观，价值观构建了一个人的"意义感"。

在我的事业生涯里，我曾无数次地问自己这个问题："什么才是我的意义感？"但每次的回答都异常一致："用观点推动商业实践。"我擅长学习新事物，喜欢提炼方法论，思维上又不循规蹈矩，还很享受赋能于人的成就感，咨询对我来说，是必然的选择。所以，进入一个实业成为职业经理人或创立一家实业公司成为老板固然很有意义，但这些事业路径无法让我的观点最大限度地影响商业实践，"意义感"是不同的。

当然，如果仅仅是自己想做，而行业里面已经没有空间，那么对于一个雄心勃勃的人来说，绝对是悲剧。幸运的是，多年的实业经验和学术研究经历，让我深知作为它们之间桥梁的咨询行业还大有可为，并非"红海"。我相信，尽管门派林立，但只要有真正能够造福商界的观点，一定能够影响商业实践，开创"蓝海"。爱马仕几十万元一个包，还要配货，仍然有无数追捧者，正是因为产品出色。如果你说爱马仕的追捧者是为了虚荣和炫耀，那么几万元一件的 Loro Piana T 恤，连个标识都没有，为何追捧者还是门庭若市？

2012 年前后，一次时代的更迭更让我看到了机会。彼时，互联网技术渗透到商业世界，"互联网思维"如火如荼。面对变化，学界与咨询界一片哗然。保守者对新事物一阵奚落；冒进者隔靴搔痒，不得其法；凤毛麟角的精英偶有发声，难说引领；留下实践者们"先开枪，后瞄准""摸着石头过河"……试想，此时如果有咨询界人士的正确引导（如果他们有能力），实践者能否少走弯路？无数烧光投资后双创无果的案例能否少几个？无数投入重金"接网"后转型无果的案例能否少几个？正因为坚信咨询的意义，从那个时候开始，我就已经开始布局研究互联网时代的商业模式与组织模式。千里之行始于足下，我要当那个"日拱一卒"的人。

在咨询行业中，实践和研究频繁交织，这能给有心者无数的灵感。受惠于此，我有幸完成了《叠加体验》《云组织》《人力资源管理新逻辑》等作品，并尝试用这些原创方法论去影响那些意图变革的企业。而诸多积极的反馈也让我意识到，变革的时代需要新的方法，"路漫漫其修远兮，吾将上下而求索"。

事实上，经过了若干年的启蒙，深受大企业病所困的实践者们，对于组织变革的热情已经空前高涨。但与此同时，他们也容易在众声喧哗中陷入混沌，因为，每一个流派都言之凿凿地宣称未来的趋势。而后，我专心在"平台型组织"这个概念上下功夫，专注于研究如何在企业内落地"平台型组织"。我相信，那些描述未来组织模式的若干观点，都可以用平台型组织的概念来解释。我更相信，时至今日，衍生概念已经没有任何意义，关键在于落地，观点必须推动商业实践。

2017～2018年，我连续推出了《释放潜能：平台型组织的进化路线图》《重塑海尔：可复制的组织进化路径》两本专著。前者系统地阐释了平台型组织的前世今生和落地方法，后者则以海尔作为案例，讲透了一个企业从金字塔组织进化到平台型组织的艰难历程。基于这两本书的方法论，我们推动了房多多、CQYFAS等企业顺利走向平台型组织，释放出了巨大的个人与组织潜能。其中，房多多的人效居然达到行业对手十余倍之多，作为一家互联网企业却早早俘获了亿元利润，让人忍不住拍手称道！这种用观点推动商业实践后的喜悦之情，更是让人流连忘返。

这本《激发潜能：平台型组织的人力资源顶层设计》则是一部进一步落地到执行层面的作品。之所以写作这本书，是因为我在实践中遭遇过太多次"老板大手一挥，全员鸡飞狗跳，最终一无所成"的反面案例。这些案例之所以无果而终，绝不仅仅是因为老板决心不够，更是因为他们深入不了组织设计的细节，而本应承担该项职能的人力资源管理者又相对孱弱。我相信，本书能够帮助老板与人力资源管理者们搭建沟通的桥梁。当然，我更希望书里的观点可以推动商业实践。

最后一个部分，按照惯例要献上若干真诚的感谢。

本书能够付梓，要感谢若干商界、学术界、媒体的朋友，无论是观点碰撞还是资源协同，与他们的交互让我获益良多。

当然，也要感谢穆胜事务所的同事们。大家协同作战，将一个个理念和方法落地为企业的实践，其中漫长的辛苦只有身在局中之人方能体会，而书中的若干片段都是我们咨询时的经历，相信大家在读到时都会会心一笑。

最后，要感谢我的家人，他们始终是我坚强的后盾和停靠的港湾。我信奉商业世界里的狼性作风，从来都是凶悍前行，但我愿意将温柔留给他们。我记得，当我早年尚在追梦，说到要"用观点推动商业实践"时，在所有质疑的眼光中，只有他们坚定地对我说"你可以！"

参 考 文 献

[1] 穆胜. 重塑海尔：可复制的组织进化路径 [M]. 北京：人民邮电出版社，2018.

[2] 穆胜. 释放潜能：平台型组织的进化路线图 [M]. 北京：人民邮电出版社，2017.

[3] 穆胜. 私董会 2.0 [M]. 北京：人民大学出版社，2016.

[4] 穆胜. 云组织：互联网时代企业如何转型创客平台 [M]. 北京：电子工业出版社，2015.

[5] 穆胜. 人力资源管理新逻辑 [M]. 北京：新华出版社，2015.

[6] 穆胜. 叠加体验：用互联网思维设计商业模式 [M]. 北京：机械工业出版社，2014.

[7] 拉姆·查兰. 是时候分拆人力资源部 [J]. 哈佛商业评论，2014（07）.

[8] 戴夫·尤里奇. 不要分拆人力资源部 [J]. 哈佛商业评论，2014（10）.

[9] 戴夫·乌尔里克，维恩·布洛克班克. 人力资源管理价值新主张 [M]. 吴雯芳，译. 北京：商务印书馆，2008.

[10] 戴维·尤里奇. 变革的 HR：从外到内的 HR 新模式 [M]. 陈丽芳，译. 北京：中国电力出版社，2016.

[11] 马克 A 休斯理德，布赖恩 E 贝克，理查德 W 贝蒂. 员工记分卡：为执行战略而进行的人力资本管理 [M]. 吴雯芳，译. 北京：商务印书馆，2005.

[12] 野中郁次郎，胜见明. 创新的本质：日本名企最新知识管理案例 [M]. 北京：中国水利水电出版社，2006.

[13] 野中郁次郎，竹内弥高. 创造知识的企业：日美企业持续创新的动力 [M]. 北京：中国水利水电出版社，2006.

[14] 竹内弘高，野中郁次郎. 知识创造的螺旋：知识管理理论与案例研究 [M]. 北京：知识产权出版社，2012.

[15] 罗伯特·卡普兰，大卫·诺顿. 平衡计分卡：化战略为行为 [M]. 广州：广州经济出版社，2013.

[16] 罗伯特·卡普兰，大卫·诺顿. 战略地图——化无形资产为有形成果 [M]. 广州：广东经济出版社，2005.

[17] 黄卫伟. 以奋斗者为本 [M]. 北京：中信出版社，2014.

[18] 黄卫伟. 以客户为中心 [M]. 北京：中信出版社，2016.

[19] 田涛，吴春波. 下一个倒下的会不会是华为？[M]. 北京：中信出版社，2012.

[20] 余胜海. 华为还能走多远？[M]. 北京：中国友谊出版社，2013.

[21] 吴晓波，等. 华为管理变革 [M]. 北京：中信出版社，2015.

[22] 王钦. 海尔新模式：互联网转型的行动路线图 [M]. 北京：中信出版社，2015.

[23] 曹仰峰. 海尔转型：人人都是 CEO[M]. 北京：中信出版社，2014.

[24] 赵曙明, 彭剑锋, 陈春花, 等. 走向无边界组织——组织与人力资源转型圆桌论坛 [J]. 北大商业评论, 2014（12）.

[25] 赵曙明, 彭剑锋, 陈春花, 等. 通往"幸福"的管理模式——组织与人力资源转型圆桌论坛 [J]. 北大商业评论, 2015（04）.

[26] 陈春花, 彭剑锋, 穆胜. 时代的锋芒：大变革与新起点 [J]. 商界, 2018（02）.

[27] 穆胜. 洞察互联网时代组织重构的本质 [J]. 商界, 2018（02）.

[28] 穆胜. "内部并联"破解激励难题 [J]. 中欧商业评论, 2017（05）.

[29] 穆胜. KPI 管理为何成了鸡肋？ [J]. 中外管理, 2017（04）.

[30] 穆胜. 流程再造为何折戟？ [J]. 中外管理, 2017（03）.

[31] 穆胜. 平台解救科层制？ [J]. 中外管理, 2016（11）.

[32] 穆胜. 科层制已死？ [J]. 中外管理, 2016（10）.

[33] 穆胜. 初创组织的 N 种可能：转型创客平台 [J]. 中欧商业评论, 2016（03）.

[34] 穆胜. "人的重混"势不可挡 [J]. 中欧商业评论, 2016（02）.

[35] 穆胜. 飘向未来的"云" [J]. 中欧商业评论, 2015（02）.

[36] 穆胜. 从"培养人"到"制造场" [J]. 中外管理, 2014（10）.

[37] 穆胜. 超级后台：为云组织打造"超级员工" [J]. 中外管理, 2014（09）.

[38] 穆胜. 接受吧, 残酷薪酬！ [J]. 中外管理, 2014（06）.

[39] 穆胜. 欢迎来到企业剧场 [J]. 商业评论, 2013（04）.

[40] 穆胜. 捕获人力资源柔性需求 [J]. 商界评论, 2012（08）.

[41] 穆胜. 灵动的知识立方 [J]. 商界评论, 2012（05）.

[42] 穆胜.人力资源管理"云范式"革命[J].中国人力资源开发，2013（15）.

[43] 穆胜.我国国有企业绩效管理困境成因分析：一个绩效管理项目的实地跟踪研究[J].科研管理，2011（06）.

[44] 穆胜，等.人力资源管理实践对组织绩效的作用机制框架模型[J].预测，2010（01）.

[45] 穆胜，野中郁次郎.组织永不会消失[J].中欧商业评论，2014（12）.

[46] 穆胜，加里·哈默.打破组织金字塔[J].商界，2016（05）.

[47] 穆胜，张瑞敏.好的商业模式是一场无限游戏[J].商业，2016（08）.

[48] 穆胜，张瑞敏.对话张瑞敏，海尔组织转型五谈[J].商界，2016（08）.

[49] 穆胜，张瑞敏.寻找海尔的"第二曲线"[J].商界，2017（05）.

[50] 穆胜，张瑞敏.忘记人性假设，走向人单合[J].清华管理评论，2017（07）.

穆胜企业管理咨询事务所

穆胜博士专注于互联网时代的商业模式和组织模式的研究。其创立的穆胜企业管理咨询事务所（www.drmusheng.com）集合了来自北京大学、纽约大学等中外名校的高端人才，基于在上述两个领域的原创模型和方法，致力于为企业提供经营管理解决方案。当前，穆胜博士及其团队已经为国内若干先锋企业提供了高质量的咨询服务，成为其发展过程中高度依赖的长期智囊。

穆胜作品包括"互联时代商业逻辑"和"互联时代管理逻辑"两个系列，前者涉及商业模式和战略管理领域，后者涉及组织管理和人力资源领域。穆胜博士的原创管理思想不仅得到了若干一线企业家的高度好评，也成为了诸多企业落地实践的方法指南。